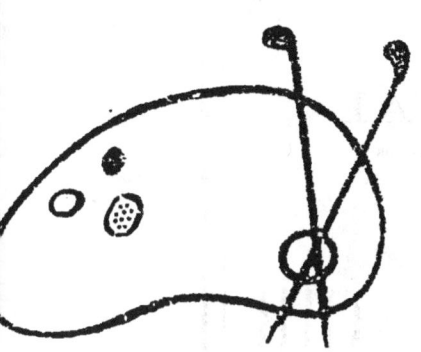

Couvertures supérieure et inférieure en couleur

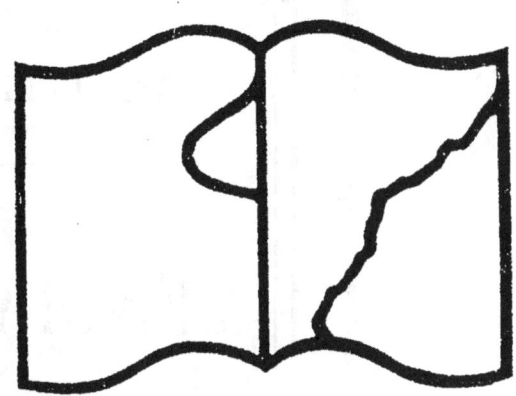

Couvertures supérieure et inférieure détériorées

ŒUVRES
DE
PAUL FÉVAL
SOIGNEUSEMENT REVUES ET CORRIGÉES

LE
MENDIANT NOIR

QUATRIÈME ÉDITION

SOCIÉTÉ GÉNÉRALE DE LIBRAIRIE CATHOLIQUE

PARIS	BRUXELLES
VICTOR PALMÉ	J. ALBANEL
ÉDITEUR DES BOLLANDISTES	DIRECTEUR DE LA SUCCURSALE
DIRECTEUR GÉNÉRAL	POUR LA BELGIQUE ET LA HOLLANDE
25, rue de Grenelle-St-Germain.	29, rue des Paroissiens, 29

1879

PUBLICATIONS
DE LA
SOCIÉTÉ GÉNÉRALE DE LIBRAIRIE CATHOLIQUE
V. PALMÉ, rue de Grenelle-Saint-Germain, Paris

ŒUVRES DE PAUL FÉVAL

SOIGNEUSEMENT REVUES ET CORRIGÉES

JÉSUITES!
Un fort volume in-12 (15e édition). . . 3 fr.

LA FÉE DES GRÈVES
Légende bretonne
Un volume in-12 de 362 pages. (6e édition) . . 3 fr.

L'HOMME DE FER
(Suite de *la Fée des Grèves*.)
Un volume in-12 de 353 pages. (5e édition). 3 fr.

LES CONTES DE BRETAGNE
Un volume in-12 de 284 pages. (6e édition). 3 fr.

CHATEAUPAUVRE
Voyage au dernier pays breton
Un volume in-12 (7e édition, revue et corrigée). 3 fr.

FRÈRE TRANQUILLE
Un volume in-12 de 415 pages. (4e édition). . 3 fr.

LE DERNIER CHEVALIER
(Volume inédit.)
Un volume in-12 de 340 pages. (5e édition). . 3 fr.

7273. — Paris. Imp. de Ch. Noblet, 13, rue Cujas. — 1879.

LE MENDIANT NOIR

PARIS. — IMPRIMERIE DE CH. NOBLET
13, RUE CUJAS, 13

ŒUVRES
DE
PAUL FÉVAL
SOIGNEUSEMENT REVUES ET CORRIGÉES

LE
MENDIANT NOIR

QUATRIÈME ÉDITION

PARIS
SOCIÉTÉ GÉNÉRALE DE LIBRAIRIE CATHOLIQUE

PARIS	BRUXELLES
VICTOR PALMÉ	J. ALBANEL
ÉDITEUR DES BOLLANDISTES	DIRECTEUR DE LA SUCCURSALE
DIRECTEUR GÉNÉRAL	POUR LA BELGIQUE ET LA HOLLANDE
25, rue de Grenelle-St-Germain.	29, rue des Paroissiens, 29

1879

A MES LECTEURS

Ce livre a subi des changements si nombreux et si considérables qu'il pourrait presque passer pour inédits. La forme en a été presque partout modifiée.

Ce n'est pas le récit d'une cause célèbre puisque les faits qui y sont racontés ne furent jamais déférés à la justice, mais quand j'arrivai à Paris voici maintenant plus de trente ans, les ruches d'étudiants qui étaient alors nombreuses dans le quartier de l'Abbaye gardaient encore la tradition du mendiant noir de Saint-Germain-des-Prés. Bien des vieilles gens l'avaient connu.

L'obéissance, même vulgaire et toute humaine, est une

*grandeur; l'obéissance du chrétien est la grandeur
même. Ceci n'est que l'histoire d'un pauvre homme
esclave d'un souvenir. Je la dis comme elle me fut racontée, sans souci d'ajouter un chapitre à la légende
des mendiants millionnaires.*

*Bien des années après l'époque où vivaient nos per-
sonnages, j'ai vu un beau grand nègre qui n'avait
plus qu'un bras et qui demandait l'aumône sur le
parvis de Saint-Germain-des-Prés. C'était le mendiant
noir, quatrième ou cinquième successeur de notre
héros. On disait qu'il avait acheté sa charge.*

*Pendant quinze ans, on avait été « mendiant noir »
comme on est notaire ou agent de change.*

*J'ai déguisé, bien entendu, tous les noms avec d'au-
tant plus de soin que l'aventure a un fond de vérité.
Le fait du trouble et de la honte introduits dans une
maison très-respectable par une imprudente alliance
n'est pas assez rare pour que personne y puisse voir
une désignation particulière.*

*Pour m'intenter un procès, il ne pourrait y avoir
que les mendiants, et parmi les mendiants, les noirs,*

et parmi les mendiants noirs, ceux qui sont assez à leur aise pour servir des pensions annuelles de quatre à cinq mille francs aux avocats en herbe de leur connaissance.

Aussi, je dors tranquille, ayant tout lieu de croire que l'espèce de ces bienfaisants et sombres génies est radicalement perdue.

Paris, mars 1878.

LE MENDIANT NOIR

I

APRÈS VÊPRES

En 1817, vers le milieu de l'automne, au premier étage d'une maison située place Saint-Germain-des-Prés entre le portail et la rue de l'Abbaye, deux jeunes gens, accoudés sur le balcon, musaient et causaient. La magnifique église était encore embarrassée de constructions diverses et bien des années devaient passer avant que la restauration en fut seulement projetée. C'était un dimanche. Le cadran du clocher marquait la demie après quatre heures.

Nos deux jeunes gens attendaient sans doute la fin des vêpres, pour passer en revue les fidèles qui allaient sortir de l'église, car l'éloquent et fameux père Rozan, des Missions de France, prêchait. Il y avait foule.

Tous deux étaient grands et beaux, mais leurs physionomies formaient un plein contraste. Le plus âgé, dont le brun visage avait une expression d'insouciance singulière mêlée d'irréflexion et de vaniteux orgueil, semblait déjà près d'atteindre cette époque incertaine qui sert d'extrême frontière entre la jeunesse et l'âge mûr.

Il avait dépassé sa trentième année. Depuis quand? cela était difficile à dire, car son front restait exempt de rides; ses cheveux noirs, trop crépus pour être beaux, avaient pris, cependant le bon pli de la mode la plus nouvelle et jetaient de brillants reflets, grâce à la main d'un *artiste-coiffeur* des quartiers d'Outre-Seine.

Ses yeux étaient ardents, pleins de feu, mais se baissaient parfois involontairement sous un regard scrutateur.

Sa fine moustache, enfin, était pure de tout poil grisonnant; mais, sous les mèches effilées de cette moustache qui affectait un peu la courbe moscovite, trop connue en ce temps là des Parisiens, une ride profondément dessinée abaissait les coins de sa bouche : il avait fallu sourire bien des fois et bien amèrement pour creuser ce sillon caractéristique.

Ce signe démentait hautement l'air de jeunesse du visage entier.

Il ne cadrait qu'avec certain cercle bleuâtre qui cernait la paupière de notre beau brun, et rejoignait ses tempes, marbrées d'imperceptibles plis.

Ce personnage se faisait nommer le cavalier Juan de Carral ; c'était un gentilhomme espagnol, à ce qu'il disait.

Il parlait souvent de sa famille, qui était une des premièrees de l'Andalousie, et se montrait en toutes occasions, fort vain de sa noble naissance.

En cela, M. de Carral, nous voulons le dire tout de suite, agissait comme ces belles dames qui se laissent faire des compliments sur leur chevelure achetée. Encore n'avait-il point pris la peine d'acheter rien du tout. Les noblesses comme la sienne se ramassent.

Juan de Carral était fils de nègre, esclave de naissance, et s'appelait Jonquille de son nom véritable. A nos yeux, ce hasard aurait ajouté à sa valeur, — s'il eût valu quelque chose.

Son camarade, qui se nommait Xavier, tout court, était beaucoup plus jeune et tout autrement fait. Son front large et ouvert s'encadrait de cheveux blonds. Son teint uni et de claire carnation semblait d'albâtre auprès de la joue basanée du mulâtre, mais cette délicatesse n'excluait nullement la vigueur.

Son regard était franc, sa bouche pensive. Une tristesse vague et sans amertume semblait être l'expression habituelle de sa physionomie.

Il avait vingt-deux ans.

Au-dessous d'eux, la place aussi étroite alors qu'elle est large maintenant, était complétement déserte; seulement, sur la marche unique qui tenait lieu de perron à l'église, un mendiant, debout et appuyé sur un long bâton, attendait, lui aussi la sortie des vêpres, mais non point par simple curiosité.

Ce mendiant était un nègre, un beau nègre, en vérité, qui vingt ans auparavant, eût admirablement représenté l'Othello de Shakspeare. Il avait servi de modèle à plus d'un peintre.

Sa large face ressortait, noire comme l'ébène, entre les masses de neige de sa barbe et de ses cheveux.

Sa haute taille n'avait point fléchi sous le poids de l'âge; il se tenait droit, et portait avec une sorte de fierté le vêtement rapiécé, mais propre et largement drapé qui couvrait ses épaules.

En 1817, nous n'aurions point eu besoin de vous faire cette description, car vous eussiez certes connu, comme tout le monde, Le Mendiant noir, qui demandait l'aumône à la porte de Saint-Germain-des-Prés.

C'était presque un personnage célèbre.

Il parlait peu. On lui donnait beaucoup. Jamais il ne mendiait à haute voix. Sa main tendue provoquait silencieusement l'offrande.

Quand il avait reçu, il s'inclinait avec gravité en signe d'actions de grâces. Le salut du mendiant noir avait de la réputation dans Paris et les Anglais lui donnaient rien que pour se faire saluer par lui.

Les petits enfants du quartier avaient grande peur de lui, et le cabaretier du coin prétendait qu'il était le *roi des sauvages*, fait autrefois prisonnier par l'empereur.

Nous l'avons dit, il était quatre heures et demie. Pendant que le mendiant attendait, immobile, les deux jeunes gens poursuivaient leur entretien, coupé de temps à autre par de longs silences.

— Xavier! s'écria tout à coup Juan de

Carral en jetant sa cigarette, vous me cachez quelque chose, mon ami !...

Xavier s'efforça de sourire.

— Ne me cachez-vous rien, vous? murmura-t-il.

— Moi ?... mon Dieu non... c'est-à-dire... au fait, tout le monde a des secrets, c'est certain, mais je m'entends, et vous m'entendez... Vous avez une affaire de cœur, très-cher, et, j'en ai peur, une dangereuse affaire !

— Qui vous fait supposer cela?

— A la bonne heure ! vous ne niez pas ! Ce qui me fait supposer cela? hé! hé! une foule d'indices. Nous autres Espagnols, voyez-vous, nous sommes de terribles observateurs, de vrais argus ! J'ai surpris...

— Quoi? demanda vivement Xavier.

Carral éclata de rire.

— Allons! dit-il, vous vous trahissez. Il serait cruel à moi d'abuser de mes avantages avec un diplomate aussi novice que vous.

Au bruit de l'éclat de rire de Carral, le mendiant noir s'était retourné.

Il souleva son chapeau de paille et tendit sa main ouverte vers le balcon. Xavier prit sa bourse aussitôt.

— Ce nègre me déplaît! grommela Carral en tirant aussi sa bourse.

Xavier jeta son offrande sans rien dire.

Le mendiant, avant de se baisser pour la ramasser, se découvrit de nouveau et mit la main sur son cœur.

— Nègre, voilà cinq francs, cria Carral; je te les donne à condition que tu t'en iras au diable et qu'on ne te verra plus!

La pièce de cinq francs tomba dans le chapeau du mendiant.

Au lieu de la serrer, celui-ci la lança loin de lui, et reprit son immobilité première.

— Vous l'avez offensé, dit Xavier.

— Offenser un nègre! répliqua le mulâtre scandalisé ; voilà une idée ! mais les opinions sont libres, et j'en suis pour mes cinq francs... Ah ça ! très-cher, vous voilà retombé dans votre rêverie mélancolique. Vous avez décidément le spleen.

Xavier laissa échapper un soupir.

— C'est le mal des gens heureux, répondit-il ; je ne puis l'avoir.

Il leva sur son compagnon un regard triste et plein d'indécision ; puis, saisi par ce besoin d'épanchement qui est au cœur de tous les jeunes hommes, il prit la main du mulâtre, la serra dans les siennes et dit :

— Carral, vous êtes mon ami, je le crois ; j'ai confiance en vous. Puisque vous avez deviné une partie de mon secret, je veux tout vous dire : Je souffre !

— Cela se voit, très-cher, mais pourquoi souffrez-vous ?

— Je suis pauvre.

— C'est un inconvénient fort commun ! Je vous en offre autant.

— Et je m'appelle Xavier !

— Ah voilà ! c'est un joli prénom ! dit Carral avec fatuité ; mais j'avoue qu'il faudrait au bout quelque chose. Quant à moi, je n'ai point à me plaindre du sort à cet égard... que voulez-vous, très-cher, si tout le monde avait de la naissance, il n'y aurait plus d'avantage à être gentilhomme !

— Et puis encore... reprit Xavier, qui avait à peine entendu ce décisif argument.

Mais, avant qu'il eût achevé sa phrase, les portes de Saint-Germain-des-Prés s'ouvrirent et la foule des auditeurs du père Rozan déborda tout à coup sur la place encombrée.

Les deux amis suspendirent leur conversation.

Le mendiant noir avait commencé sa recette. Immobile et la main étendue, il ressemblait à une statue d'ébène, placée là pour provoquer la charité des passants.

Presque tout le monde lui donnait, car il était connu, et la célébrité sert aussi aux mendiants.

Xavier s'était penché sur le balcon, et regardait de tous ses yeux.

— Était-*elle* donc à vêpres? demanda Carral, non sans quelque moquerie.

— Qui? répartit Xavier, dont le front se couvrit d'une épaisse rougeur.

— Encore des réticences!... Mais ma question était superflue, je sais qu'*elle* y était la: voici!

Xavier garda le silence et se pencha davantage.

Une jeune fille d'une exquise beauté, mise avec cette élégance à la fois fière et modeste qui charme et qu'on ne saurait peindre, franchissait à ce moment le seuil de l'église. Celles qui savent encore se parer de simplicité deviennent rares.

Une demoiselle de compagnie, dans le costume rigoureux de l'emploi, la suivait de près.

En passant devant le mendiant noir, la jeune fille déposa dans sa main une pièce de monnaie, et le mendiant sourit avec une gratitude qui était presque de la tendresse.

Ensuite la jeune fille leva les yeux et son regard rencontra le balcon. Carral ricana tout bas. Xavier rougit.

A son tour mistress Blowter, la dame de

compagnie, leva les yeux en l'air, mais c'était tout simplement pour regarder le temps.

Le ciel, qui avait été pur toute la journée, se couvrait maintenant de nuages, et quelques gouttes de pluie commençaient à tomber. L'anglaise prit une physionomie sérieusement effrayée, et parcourut la place du regard.

Il n'y avait qu'un fiacre, et ce fiacre, dont le cocher ronflait sur son siège était à l'autre bout de la place.

— C'est bien cela! dit Carral à demi-voix; pendant que M{ne} de Rumbrye est à l'office comme une bonne chrétienne, sous la garde d'une servante, madame la marquise sa belle-mère trône au bois avec l'équipage, et M. Alfred des Vallées promène le cabriolet du marquis, son beau-père. C'est dans l'ordre! Le marquis et sa fille doivent aller à pied ou en fiacre.

Il n'y avait pas de milieu en effet.

La jeune fille rentra sous le porche, et mistress Blowter, avec un dévoûment bien méritoire, mit ses longs pieds britanniques sur le pavé mouillé, pour aller chercher la voiture de place.

— Très-cher, dit alors Carral, je ne veux pas être indiscret, je m'en vais.

Et il rentra dans la chambre.

La foule s'était écoulée. Il n'y avait plus auprès de l'église que le mendiant noir.

— Hélène ! prononça tout bas Xavier.

— Hélène ! répéta le mendiant qui se redressa comme une sentinelle et ajouta en souriant : — Les vieux chiens sont de bonne garde.

Sous la voûte, la jeune fille pensait.

— Mon père qui veut lui parler ! Comment le saura-t-il ?

— Certes, le pauvre Xavier ne pouvait deviner cette parole qui était à peine montée jusqu'aux lèvres de la jeune fille.

Ce mendiant noir à barbe blanche était-il un sorcier ?

Pendant que le fiacre qui ramenait la dame de compagnie, roulait lourdement sur le pavé de la place, il dit :

— Son père !

Le fiacre arriva devant l'église, s'ouvrit, puis se referma, dès que la jeune fille y fut montée, puis encore partit au trot saccadé de ses coursiers poussifs.

Le regard de Xavier peignait une douloureuse irrésolution il dit sans savoir peut-être que sa pensée lui échappait :

— Irai-je ?

— Oui, prononça sous la fenêtre la voix grave et gutturale du nègre.

Et comme les yeux de Xavier interrogeaient, il ajouta :

— Son père le veut.

— Merci ! dit Xavier.

— Qui diable remerciez-vous là, très-cher ? demanda Carral en revenant.

Xavier se retourna. L'expression de tristesse qui assombrissait naguère son visage avait disparu. Un gai sourire entr'ouvrait maintenant sa bouche.

— Je parle tout seul, répondit-il. A propos, je ne pourrai vous tenir compagnie ce soir... Je vais à l'hôtel de Rumbrye.

— Ah !... fit Carral.

— J'ai reçu une invitation, vous savez, l'autre jour ?... Je l'avais oublié.

— Enfant que vous êtes ! dit Carral avec une

bonhomie affectueuse et tant soit peu protectrice, vous prenez bien de la peine pour vous cacher de moi. Ne savez-vous donc pas que je connais vos petits secrets aussi bien que vous... mieux que vous peut-être ?

Le front de Xavier se rembrunit de nouveau ; sa bouche perdit son sourire.

— Vous avez beaucoup d'audace ajouta Carral.

— De la folie ! voulez-vous dire, murmura Xavier avec amertume.

— Non pas : j'ai dit de l'audace et je m'y tiens. Votre partie n'est pas belle, mais on peut la gagner.

— Ah ! si j'étais riche ! s'écria Xavier.

— Ce serait un atout de plus dans votre jeu, rien que cela, très-cher. Ce qu'il vous faudrait, c'est un beau nom... un nom comme le mien par exemple !

— Vous êtes bien heureux, vous, Carral !

— Passablement, oui. D'un autre côté, eussiez-vous le plus beau nom de France, vous trouveriez toujours sur vos pas un obstacle.

— Quel obstacle ?

La voix de Carral devint grave.

— Vous avez un ennemi mortel, Xavier, dit-il, un ennemi puissant, redoutable, et qui ne vous pardonnera point. Ne me demandez pas son nom ; je ne pourrais vous l'apprendre.

— Un ennemi mortel ! répéta le jeune homme ; un ennemi qui ne me pardonnera point?... Si loin que puissent se porter mes souvenirs, je ne découvre pas. Vous raillez, Carral. Je suis sûr de n'avoir offensé personne, jamais !

Le mulâtre se repentait déjà d'avoir parlé sans doute, car il reprit aussitôt, en feignant l'enjoûment :

— J'ai été trop loin, très-cher, beaucoup trop loin! Vous avez dû croire, sur ma foi! qu'il s'agissait pour le moins d'une vendetta de mélodrame... non : il y a quelqu'un en ce monde qui ne vous aime pas, voilà tout.

— Et ce quelqu'un, c'est?...

— Réellement, je ne puis vous le dire. Mais qu'importe cela? Voyons, un peu d'aide fait quelquefois grand bien : voulez-vous accepter mes services?

— Dans une affaire de cette nature, dit Xavier en hésitant, je ne vois pas...

— En quoi je puis vous servir? ni moi non plus. Mais je suis assez bien reçu à l'hôtel de Rumbrye, vous savez. Si je n'y vais plus depuis quelque temps, c'est...

Carral s'arrêta un instant, et reprit avec une sorte de malaise :

— C'est un tort que je me donne, mais je

prévois le moment où je serai forcé d'y retourner. Or, quand on a vraiment envie d'être utile, on trouve toujours quelque moyen...

Xavier prit la main de son compagnon, et la serra cordialement.

— Vous êtes un bon ami, Carral, dit-il, je vous remercie, et j'accepte votre offre, mais, pour servir quelqu'un, comme vous l'entendez, il faut le connaître à fond, et vous ne me connaissez pas encore.

— Si fait, si fait! s'écria Carral en reprenant son ton tranchant; je sais votre histoire, sur le bout du doigt, ou plutôt je la devine. C'est celle d'une foule de héros de roman. Voulez-vous que je vous la raconte? Vous ignorez votre naissance : un parent, ou une parente, ou à leur défaut, quelque banquier, quelque notaire, vous fait passer chaque mois le terme d'une modique pension...

— Ce n'est pas cela, interrompit Xavier.

— Non ? Alors c'est quelque chose d'approchant.

— C'est quelque chose de triste, Carral ! dit lentement Xavier : j'ignore ma naissance, en effet, je ne me connais aucun parent ! Au collége, on payait ma pension par correspondance ; depuis, ma sortie du collége, je reçois 500 fr. tous les mois.

— Que disais-je ?

— Ces 500 fr., qui me les donne ?

— Qu'importe ?

— Me les donnera-t-on toujours ?

— Ceci est plus sérieux ; mais tout porte à le croire. Par quelles mains recevez-vous ces 500 fr., Xavier ?

— Je ne sais.

— Oh ! oh ! voilà qui est tout à fait mystérieux !

Il faut pourtant que vous voyiez quelqu'un?

— Personne.

— C'est singulier...

— Et bien cruel aussi, Carral!... Oh! croyez-en ma parole, si je n'étais l'esclave d'un espoir insensé, je refuserais ce don, car il ressemble à une aumône ; je romprais avec le monde où j'occupe une place en quelque sorte usurpée ; je travaillerais pour vivre ; je...

— Là, là! interrompit Carral, ne travaille pas qui veut, très-cher. Il faut des protections pour être menuisier... Allons donc! vous tombez dans la déclamation. Quand vous serez un avocat célèbre, dans dix ou quinze ans, par exemple, il sera temps de repousser ce cadeau, qui me semble à moi une très-bonne chose. Pour le moment, ensorcelé ou non, continuez de le recevoir, croyez-moi... Mais encore une fois, comment le recevez-vous ?

— Je n'ose vous le dire : vous ne me croiriez pas.

— Dites toujours.

— Eh bien! chaque mois, du premier au cinq, je trouve un paquet soigneusement cacheté et contenant 25 louis en or.

— Où trouvez-vous cela?

— Ici, à la place où nous sommes, sur ce balcon.

— C'est singulier, en vérité! répéta Carral. Et vous n'avez pas cherché à savoir? Moi j'aurais monté la garde.

— Je l'ai fait. Bien souvent j'ai passé la nuit entière, à l'abri derrière mes rideaux. J'attendais, je guettais...

— Et vous n'avez jamais rien vu?

— Jamais.

Carral se gratta le front d'un air pensif.

— Il y a une fée là-dessous, murmura-t-il.

— Je ne crois pas, reprit Xavier. Je n'ai rien vu ; le mystère reste entier pour moi ; mais c'est un homme qui jette cet or sur ma fenêtre. J'en suis sûr...

— Qui vous donne cette certitude ?

— Une nuit, il y a de cela un an, j'étais resté à mon poste d'observation jusqu'au jour. Vers quatre heures du matin, un faible bruit se fit entendre sur le balcon... je me précipitai, et j'entrevis une grande ombre qui tournait rapidement l'angle de l'église : c'était un homme.

— La nuit on ne peut être sûr...

— C'est ce que je me dis. A cette époque, on faisait des réparations à la chaussée. Le pavé disparaissait sous une épaisse couche de sable qu'une pluie abondante avait délayé durant la nuit. Je me hâtai d'allumer une bougie et de descendre : il n'y avait sous ma fenêtre qu'une seule empreinte de pas. Ces pas étaient ceux d'un homme, chaussé de gros souliers à triples rangées de clous.

— Des souliers d'Auvergnat ! s'écria Carral. On vous envoie un commissionnaire !

— Le croyez-vous?

— Cela saute aux yeux.

Xavier demeura un instant pensif.

— Répondez-moi franchement, Carral, dit-il tout à coup : trouvez-vous que j'aie l'air d'un mulâtre ?

Carral tressaillit et regarda le jeune homme en face, d'un air menaçant. Cette question lui sembla un outrage indirect. Mais la douce et franche expression du visage de Xavier le rassura bientôt. Il se remit de son mieux, et répondit :

— En fait de mulâtres, je ne m'y connais guère; mais chacun se fabrique une idée des choses qu'il ignore, et vous êtes tout l'opposé de l'idée que je me fais d'un sang-mêlé.

Xavier poussa un long soupir de soulagement.

— Tout le monde me dit la même chose, murmura-t-il ; et cependant...

— Pourquoi m'avez-vous adressé cette question ? reprit Carral.

— Pour rien... Il me vient parfois de cruelles pensées. Mais celle-ci est folle, et je ne vous la dirai pas.

— Confession générale ! Dites-moi tout, très-cher.

— Non... si j'avais deviné juste, je serais trop misérable...

Xavier allait en dire plus long, peut-être ; mais, à ce moment, un équipage, attelé de deux fringants chevaux, tourna court l'angle de la rue Saint-Germain-des-Prés, et vint s'arrêter sous les fenêtres de l'hôtel.

La nuit n'était pas tout à fait venue ; mais les objets ne se montraient déjà plus que dans un demi jour douteux.

— De magnifiques chevaux ! s'écria Xavier, heureux d'échapper à la conversation.

Carral, au lieu de répondre, essuya vivement les verres de son lorgnon, qu'il braqua sur l'écusson de la voiture.

— Rumbrye ! balbutia-t-il.

— Il est bien tard pour venir à l'église, reprit Xavier, qui n'avait pas entendu. C'est peut-être quelque noble visite pour l'un de nos voisins.

Carral avait changé de couleur et son binocle tremblait dans sa main.

— Pour vous peut-être, qui ne dites rien ? continua Xavier.

La portière de l'équipage s'ouvrit. Une femme très-élégante de tournure descendit, et regarda l'hôtel.

Le mendiant noir, qui jusqu'alors était resté immobile à son poste, et semblait dormir sous la saillie du portail, s'approcha. Il tendit la main.

Mais la belle dame passa lestement devant lui, et franchit le seuil de l'hôtel.

— Est-ce que j'aurais deviné! s'écria Xavier.

Carral courba la tête.

— Voici une étrange ressemblance! murmura le mendiant, dont le visage noir exprimait la surprise et le soupçon : mais je crois la voir partout!

La dame, cependant, monta l'escalier de l'hôtel.

Quant au mendiant, il reprit tranquillement sa place sur le trottoir, à la porte de l'église.

Au bout de quelques secondes, on frappa trois petits coups à la porte de la chambre où se trouvaient nos deux jeunes gens.

— De mieux en mieux ! dit joyeusement Xavier : c'est pour vous ou pour moi.

— Ne cherchez pas, répondit Carral d'une voix étouffée : c'est pour moi... par malheur !

Xavier n'entendit pas le dernier mot.

Carral ouvrit. Une femme entra, dont le visage se cachait sous un voile, rendu opaque par les broderies dont il était chargé.

Xavier salua la dame voilée, et sortit.

Quand il fut dehors, la physionomie de Carral

changea subitement; sa hardiesse, pleine de suffisance et de fanfaronnade, tomba comme par magie.

Il baissa la tête avec une grande affectation d'humilité et ce ne serait point assez dire, que de comparer son attitude à celle d'un valet.

—Maitresse, dit-il d'une voix sourde, pourquoi prenez-vous la peine de venir jusqu'à moi? Il eut suffi d'un mot. Je n'ai pas oublié que je vous dois obéissance.

II

JONQUILLE

Celle qui venait d'entrer était une femme de taille moyenne et noblement prise. Sa figure avait perdu la fraîcheur de la première jeunesse, mais elle était belle encore, et l'on pouvait croire que la pâleur de ses joues et l'ombre profonde qui estompait le tour de ses grands yeux noirs étaient le produit du chagrin de la fatigue ou des luttes de la vie plutôt que celui des années.

C'était une de ces femmes sur l'âge desquelles il ne faut point engager de pari, à moins d'avoir en poche leur acte de naissance.

Certains lui eussent donné trente ans : de mieux instruits parlaient de la quarantaine. Si cette dernière hypothèse tombait juste, notre impartialité doit proclamer que le temps avait glissé fort impunément sur son charmant visage.

Ce qui frappait en elle au premier aspect était cette lenteur de mouvements, cette nonchalance particulière aux filles des tropiques.

Beaucoup de poètes à musique ont chanté les créoles : on a dit d'elles à satiété, avec accompagnement de piano et même de guitare que, sous leur mollesse apparente une terrible énergie couvait.

Les romances radotent, depuis un demi-siècle, que ces belles nonchalantes, quand elles veulent, peuvent bondir comme des lionnes, et que leurs mains blanches, pour lesquelles la mousseline n'est point assez douce, ces mains si faibles que le poids d'un éventail les fatigue, se crispent parfois et tordent, à la broyer, la main robuste d'un homme.

Puisque les romances enseignent cela, il faut peut-être le croire. J'ai connu néanmoins des créoles fort actives et qui ne battaient personne.

Mᵐᵉ la marquise de Rumbrye était une créole, mais c'était aussi une parisienne. Elle joignait à la grâce coloniale ces grâces autres et non moins charmantes que le séjour de Paris apprend même aux étrangères.

Elle rendit le salut de Xavier sans découvrir son visage, mais dès qu'il fut parti, elle releva son voile, pendant que Carral lui demandait humblement :

— Maîtresse, pourquoi avez-vous pris la peine de venir jusqu'à moi?

Tant de soumission ne désarma point cette belle Mme de Rumbrye.

— Tu te souviens donc enfin que tu es esclave, mulâtre! dit-elle avec froideur en montrant du doigt un fauteuil.

Carral se hâta d'avancer le fauteuil.

— Je ne l'ai jamais oublié, répondit-il.

Mme de Rumbrye s'assit, disposa négligemment les plis de sa robe de soie, et employa une ou deux secondes à chercher la position la plus confortable. Quand elle l'eût trouvée, elle pencha sa tête sur son épaule et ferma les yeux à demi.

— Je viens jusqu'à vous, Juan de Carral, reprit-elle, parce que vous ne reconnaissez plus le sifflet du commandeur. Depuis quand un mot de moi ne suffit-il plus pour vous appeler?

Le mulâtre ouvrait la bouche pour s'excuser, mais un geste de la marquise lui imposa silence. Ce geste désignait tout simplement un tabouret placé à l'autre bout de la chambre.

Carral alla prendre le tabouret qu'il déposa aux pieds de Mme de Rumbrye.

La créole, alors, compléta son installation, et se trouvant suffisamment à l'aise, elle laissa échapper un soupir de satisfaction.

Carral resta debout devant elle, muet et les yeux baissés.

— Je vous ai écrit deux fois, dit Mme de Rumbrye ; deux fois... à vous... moi! Pourquoi ne m'avez-vous pas répondu?

— Je n'osais...

— Vous n'osiez! pourquoi? Parce que vous m'avez désobéi?

— Non, maîtresse : vos ordres sont exécutés.

Le front de la marquise s'éclaira.

— Tu es un bon garçon, Jonquille, dit-elle avec plus de douceur. Voyons, parle, qu'as-tu fait?

— Je me suis lié avec le jeune homme, répondit Carral; depuis un mois nous ne nous quittons plus ; vous voyez, nous vivons comme des frères : un seul appartement pour nous deux!

— C'est bien! je te savais un garçon adroit. Après?

— Je connais son histoire et ses petits secrets.

— C'est au mieux ! Ensuite?

— Maîtresse, dit Carral d'un ton triste et

suppliant, ce Xavier n'est qu'un pauvre enfant. Il y a bien longtemps que personne ne m'a aimé. Je vous demande grâce pour lui, ne lui faites point de mal.

— Bravo ! Jonquille ! murmura la marquise en renversant sa tête sur le dos du fauteuil.

Il y avait dans son sourire une ironie impitoyable. Le mulâtre sentit ses dents s'entrechoquer. Un mouvement de haine furieuse lui fit bondir le cœur.

— M. de Carral, reprit la marquise en le couvrant de son regard froid, je ne vous connaissais pas ce cœur sensible... est-ce là tout ce que vous avez fait ?

— Il est si jeune ! murmura le mulâtre : et si bon !

Mme de Rumbyre fit un geste de paresseuse fatiguée, puis elle laissa tomber ces mots, en ébauchant un bâillement :

— Vous divaguez, mon garçon ! Parlons raisonnablement, s'il vous plaît. Je vous avais donné un ordre ; vous ne l'avez exécuté qu'à moitié. C'est dangereux cela, savez-vous? dangereux pour moi, dangereux surtout pour vous.

— Je sais que je vous appartiens, maîtresse ; mon ignorance et mon orgueil ont fait de moi votre esclave autant et plus que si nous n'étions point sur une terre de liberté. J'ai commis une imposture inutile, j'ai renié ma race, je me suis affublé d'un nom noble, pour inspirer l'envie après avoir fait si longtemps pitié. Je ne connaissais rien de l'Europe. Je croyais qu'ici, comme là-bas, aux Antilles, l'homme de sang mêlé était un être maudit de tous, un plastron misérable, un paria ! Je me trompais ; vous le saviez, et pourtant vous me laissâtes faire. Je me souviens encore de votre sourire quand vous découvrîtes ma métamorphose... Vous aviez raison de sourire, maîtresse, car cette folie vous rendait un esclave, — un esclave que les lois humaines ne pouvaient point désormais affranchir.

— Et tout cela pour rien ! dit Mme de Rumbrye en souriant méchamment. A Paris, les demi-nègres sont à la mode. On achètera bientôt des cheveux crépus comme on se faisait faire autrefois du parchemin. Mieux vaut cent fois un vrai mulâtre qu'un faux vicomte : Tu as fait une triste spéculation, mon pauvre Jonquille !

— Toujours ce nom ! s'écria ce dernier qui était blême de colère. Oubliez-vous donc que le jour où je reviendrais Jonquille, vous perdriez tout pouvoir sur moi?

— C'est vrai, ami, Carral, et j'ai trop besoin de vous pour m'exposer à cette perte ; mais vous êtes devenu éloquent, savez-vous ? continuez votre harangue, pour peu que vous y trouviez du plaisir.

Le mulâtre fut glacé par ce ton sarcastique. Il reprit d'un accent plus mesuré, où il y avait un essai de menace :

— Je suis né sur votre habitation, maîtresse, la liberté est venue pour moi comme pour tous, j'y ai renoncé ; je me suis vendu de nouveau, moyennant un prix désigné... mais les esclaves se révoltent parfois : prenez garde !

La marquise releva sa tête à demi ; cette fois le mulâtre soutint bravement son regard.

— Prétendez-vous lutter contre moi ? dit Mme de Rumbrye sans sortir de sa nonchalante indifférence.

Carral répondit :

— Demandez-moi quelque chose que je puisse faire... Je ne veux pas perdre Xavier.

— Vous ne voulez pas! prononça lentement la marquise, dont l'œil noir eut un éclair.

Carral était habitué à faiblir. Déjà, il ne combattait plus que pour la forme.

— Maîtresse! dit-il, encore une fois, je vous en prie, ayez pitié de lui! Il a vingt-deux ans ; son cœur est généreux, il ignore le mal...

— Assez! interrompit la marquise durement. On dirait, mons Carral, que vous voulez tenter ma patience!... vous m'avez dit *je veux*, que sais-je, moi? Vous avez été insolent tout à fait, mon ami.

— Maîtresse!...

— Silence!

La marquise repoussa violemment du pied le tabouret, et se dressa en face de Carral, qui, subissant son influence accoutumée et victorieuse, se prit à trembler et recula.

— Tu vois bien que tu as peur, mulâtre! dit

Mme de Rumbrye avec un écrasant mépris, cœur de poule, sang de nègre ! tu ne ressembles aux hommes d'Europe que par une vanité misérable qui parodie leur orgueil. Tu es à moi ; tu l'as dit, et tu as dit vrai ; vrai en tout ! si je compte sur cet esclavage, ce n'est pas parce que tu es un produit du noir bétail qui m'appartenait de par la loi d'autrefois, c'est parce que tu es un civilisé, Congo ! C'est parce que tu crains le ridicule plus que la honte... Ah ! je ne risque rien à poser mon talon sur ta tête. Il n'est plus temps pour toi de bénéficier des déclamations nouvelles et de te draper dans l'orgueil de ta misère originelle. Nègre, tu t'es blanchi ! Essaie de revenir sur tes pas, je t'en défie ! tu es condamné ! Il faut que tu restes Juan de Carral, sous peine d'être honni de tous et conspué et bafoué...

Carral poussa un véritable gémissement, pendant que la voix mélodieuse de la créole, devenue stridente comme un cri de lime, poursuivait :

— Tu n'as pas peur que je t'accuse d'un crime ou d'une infamie, non ! Tu n'as pas peur que je dise de toi : cet homme est flétri, son existence s'est écoulée au milieu d'ignominieuses manœuvres ; ses habits gardaient autrefois l'odeur des tripots où il se vautrait matin et soir... Tu crains seulement que je t'appelle un jour, Jonquille ou mulâtre... Ecoute ! je te juge. Ce n'est point par pitié pour Xavier que tu plaidais sa cause tout à l'heure. C'était pour essayer de la révolte, pour voir si le joug serait lourd à secouer... Je te pardonne pour cette fois ; mais, crois-moi, que ce soit la dernière !

La marquise, tandis qu'elle parlait ainsi, avait tellement changé de maintien, et même de visage, qu'on l'eût difficilement reconnue. Sa tête s'était redressée, droite et fière ; ses sourcils s'étaient rapprochés, les lignes de sa bouche avaient brisé en angles carrés et heurtés leur harmonieuse rondeur, et une ride, profondément creusée, sillonnait son front naguère si pur.

Tout en elle appuyait l'invincible et soudaine manifestation de sa volonté de fer.

Mais à peine eut-elle prononcé ces derniers mots, que ses muscles violemment tendus se relâchèrent. Elle se laissa retomber sur le fauteuil et reprit son indolente attitude.

Un instant la rage impuissante de Carral lui souffla une pensée de violence. Ses mains s'ouvrirent instinctivement, comme pour broyer cette frêle créature qui le foulait aux pieds.

Il n'osa pas, et dès lors, accablé sous le poids de sa propre faiblesse, il s'avoua vaincu.

C'était sur l'ordre de la marquise que Carral

s'était fait le compagnon de Xavier. Les liaisons marchent vite dans le quartier des écoles. Carral n'avait point eu de peine à capter l'amitié du jeune homme, et, le voyant si confiant et si bon, il s'était pris à l'aimer.

Néanmoins, Mme de Rumbrye avait deviné le fond de son cœur lorsqu'elle avait dit :

— Ce n'est point par pitié pour Xavier, mais par intérêt pour toi, que tu plaides sa cause.

Le mulâtre avait tout au plus une précaire velléité de sauver son jeune camarade tandis qu'il brûlait de secouer le joug qui pesait sur lui-même.

Il ne faut point que le lecteur se méprenne. Ce joug était bien réel.

Carral, en effet, avait menti à Xavier en lui disant qu'il était pauvre. Soit que madame de Rumbrye le payât, soit qu'il eût retiré bon fruit de ses spéculations passées, il menaît, dans le monde, un train *honorable* et conforme à sa naissance prétendue. Il avait fait une sorte de chemin.

Ce n'était plus l'inconnu hésitant entre une obscurité tranquille et une périlleuse usurpation de nom ; il était gentilhomme, ou passait pour tel, ce qui est tout un, quand on n'a point de « préjugés. »

Or, si les vrais gentilshommes tiennent à leur noblesse, quel ne doit pas être l'entêtement des nobles de fabrique ?

Et encore, les faux nobles, démasqués, redeviennent bourgeois : on se moque d'eux un jour, puis on les oublie.

Mais redevenir fils de nègre, changer ce nom bien sonnant de Carral pour le grotesque nom de Jonquille ! c'était là chose impossible, surtout si l'on fait la part de la surprenante et puérile vanité des hommes de couleur.

Il se fit, entre nos deux interlocuteurs, un long silence, après lequel Carral dissimulant sa rancune sous une feinte humilité, reprit enfin la parole :

— Maîtresse, dit-il, j'ai eu tort, et je me repens. A l'avenir, je vous obéirai sans murmures.

— N'en parlons plus, répondit Mme de Rumbrye du bout des lèvres. Tu es un peu fou parfois, mais chacun a ses défauts. Dis-moi l'histoire de notre jeune homme.

Carral ne se le fit point répéter, et raconta tout ce qu'il savait de Xavier. La marquise l'écouta avec une extrême attention.

— Enfant trouvé... ou perdu ! murmura-t-elle quand il eut achevé ; je m'en doutais, mais je n'espérais pas tout cela. Quelques louis tous les mois ! Jetés comme une aumône ! quelques louis dont il ne peut justifier la source !... Nous le tenons !

Elle demeura un instant pensive, puis, levant tout à coup ses regards sur Carral :

— Savez-vous, demanda-t-elle brusquement, pourquoi je veux écarter ce jeune homme?

— Je ne permets point de surprendre les secrets de ma bonne maîtresse, répondit hypocritement Carral.

— Je vous aurais cru plus clairvoyant. Ce Xavier ose prétendre à la main de Mlle de Rumbrye.

— J'avais oublié de vous le dire.

— Et vous ne devinez pas le reste ?...

Carral appela sur son visage une expression d'ignorance et de curiosité.

— Hélène de Rumbrye, reprit la marquise, est l'unique héritière de mon mari, et mon mari a cinq cent mille francs de rentes.

— Magnifique fortune ! s'écria le mulâtre, dont l'œil jeta un rapide éclair.

La marquise continua :

— Alfred, le fils de mes premières noces, en aurait eu une plus belle si Saint-Domingue... Mais tout cela est fini. Alfred, maintenant, possède à peine une bourgeoise aisance...

— Je comprends... un mariage?

— Précisément, mais je crois, en vérité, que cette précieuse Hélène a remarqué ce Xavier plus qu'il est nécessaire. Pour comble, M. de Rumbrye, qui prétend avoir échappé à un fort grand danger durant les Cent-Jours par l'entremise de ce même Xavier, s'est pris pour lui d'un attachement inconcevable.

— C'est un hasard fâcheux !

— Aussi, songer aux expédients ordinaires pour éloigner ce malencontreux orphelin, ce serait folie. Le marquis s'y opposerait, et Mlle de Rumbrye elle-même pourrait s'insurger... Il faut employer les grands moyens.

— J'attends vos ordres, dit Carral.

— Quand je vous ai envoyé ici, reprit la marquise, j'avais mon plan et je vous l'expliquai en gros. Oubliez-le ; j'y renonce.

— Tant mieux! s'écria le mulâtre ; enfoncer peu à peu dans le désordre un pauvre jeune homme, le suivre pas à pas pour le perdre!...

— Laissez! interrompit Mme de Rumbrye vous êtes souverainement maladroit quand vous faites de la morale. Jonquille! Mon nouveau plan est de beaucoup meilleur ; il suffira d'une soirée pour l'exécuter, et votre âme *honnête*, — la marquise appuya sur ce mot, — n'y trouvera point, je veux le croire, d'objection!... Suivez-moi bien : je commence!

Ici Mme de Rumbrye quitta sa lente prononciation créole pour prendre un petit ton bref et positif, beaucoup plus convenable quand on parle d'affaires. Elle déduisit avec une lucidité parfaite et une merveilleuse netteté d'élocution un plan tout entier, que le lecteur pourra trouver perfide, quand il le connaîtra mais qui témoignait hautement de l'intelligence perverse de madame la marquise.

Carral écouta d'abord sa bonne maîtresse avec une respectueuse attention.

A mesure qu'elle parlait, le mulâtre, sa nature d'aigrefin aidant, se prenait de sympathie pour un programme si bien combiné.

Il poussait de temps en temps des exclamations admiratives.

Mais quand Mme de Rumbrye se tut, Carral fit un rapide retour sur lui-même, songea au résultat, et recula devant l'exécution.

Il y avait encore en cet homme quelques restes de bons sentiments que sa perdition n'avait pas entièrement étouffés.

— Que pensez-vous de cela? demanda la créole en achevant son explication.

Carral hésita.

— Maîtresse, dit-il avec timidité, vous ne pouvez exiger que je vous aide dans une aussi noire trahison?

— Qui vous a parlé de m'aider? s'écria Mme de Rumbrye, dont la lèvre se releva légèrement.

— Je croyais...

— Vous vous trompez. Je ne me mêle de rien ; vous agirez tout seul.

A cette conclusion inattendue, le mulâtre ne put se contenir.

— Mon rôle n'était pas assez cruel! dit-il amèrement ; vous jugez à propos de l'aggraver par une raillerie. Eh bien! Madame, dussiez-vous me faire tout le mal dont vous êtes capable, je refuse! Et cette fois, tout de bon !

La marquise se leva d'un air parfaitement naturel.

— Adieu donc, mon pauvre ami, dit-elle ; je me précautionnerai d'un autre agent.

Elle s'approcha de la glace et disposa avec grâce sur ses épaules les plis de son cachemire de l'Inde.

— Ne viendrez-vous point à l'hôtel ce soir, Carral? dit-elle ; nous avons réunion d'amis.

Carral baissa la tête d'un air sombre et ne répondit point.

— Si vous venez, ajouta la marquise, vous ne vous en repentirez point. Je compte régaler mes hôtes de l'histoire du mulâtre, Jonquille.

— Vous ne le ferez pas! s'écria Carral.

— Si fait !

— Grâce, madame !...

Il s'était jeté à genoux ; mais madame de

Rumbrye, donnant un dernier tour à son cachemire, traversa la chambre de son pas lent et balancé, ouvrit la porte et disparut.

Carral se redressa lentement. Sa face était livide, son regard fixe et sanglant.

— Jonquille! Le mulâtre Jonquille! n'aurai-je donc jamais mon tour! dit-il, d'une voix creuse. Oh! si quelque jour l'occasion se présente, comme je me vengerai!...

Au moment où Mme la marquise de Rumbrye sortait de l'allée, le mendiant, qui l'avait patiemment attendue, se présenta de nouveau devant elle et tendit la main.

— Encore ce noir! dit-elle avec dégoût.

Elle détourna la tête et monta dans sa voiture.

Le nègre ne se tint point pour battu ; il s'approcha et plongea un long regard à l'intérieur.

La figure de la marquise, sur laquelle tombait d'aplomb un rayon du réverbère voisin, se distinguait parfaitement.

A la vue de cette audacieuse persistance, elle fronça le sourcil et ferma brusquement le store.

Le mendiant fit le tour de la voiture, et vint se placer à l'autre portière.

— Va-t'en! s'écria Mme de Rumbrye avec colère ; je ne donne jamais aux noirs !

— Créole ! dit le mendiant.

Le laquais s'approcha et demanda les ordres de madame la marquise. Le nègre tendit l'oreille.

— A l'hôtel ! dit-elle seulement.

Le second store se ferma. L'équipage partit comme un trait, au grand trot de ses rapides chevaux.

— A l'hôtel! pensa le mendiant resté seul ; quel hôtel? Le sien, sans doute. Où est-il? je le saurai, car il faut que je la revoie... Elle lui ressemble! ce sont les mêmes traits, avec des cheveux de couleur différente. Et puis, elle est créole, puisqu'elle ne donne jamais aux noirs ! Si c'était elle !

Comme il prenait lentement la route de sa retraite nocturne, il aperçut un objet blanc sous le balcon, à la porte même de la maison meublée où demeuraient Carral et Xavier. Il revint sur ses pas et ramassa l'objet qui était à terre.

C'était un mouchoir de batiste brodé et garni de dentelle, un mouchoir si fin qu'on l'eût fait entrer dans une noix vide.

Le mendiant le déplia et s'approcha du réverbère pour en regarder la marque.

— C'est son mouchoir, disait-il en cherchant le chiffre. Voyons le chiffre !.. Précisément : F. A ! Mon Dieu ! mon Dieu ! tant de circonstances ne

peuvent coïncider par hasard... C'est elle ! Oh !
il y a plus de vingt ans écoulés ; mais je me souviens comme si c'était hier... Je la retrouverai

Il descendit la rue Saint-Germain-des-Prés, tourna celle de l'Abbaye et s'arrêta au seuil d'une maison de pauvre apparence située à l'angle de la petite rue Bourbon-le-Château. Au cinquième étage de cette maison, sous le toit, il y avait une mansarde nue, étroite et basse, dont le plafond, formé de solives vermoulues, soutenait immédiatement les ardoises de la couverture.

C'était la demeure du mendiant.

Les meubles se composaient d'un grabat et d'un petit coffre ; mais, près de la lucarne qui servait de fenêtre, une sorte de trophée contrastait avec le misérable aspect de la pièce. C'étaient d'abord deux épaulettes de capitaine, en or, surmontées d'un chapeau d'uniforme à cocarde tricolore, comme en portaient les officiers d'infanterie sous la république.

Au-dessous, une épée à coquille de nacre était suspendue entre deux riches pistolets.

En entrant dans sa retraite, le mendiant alla tout droit au coffre, dont il fit jouer la forte serrure. Le coffre contenait une somme assez considérable en diverses monnaies, et un portefeuille, sur la plaque d'acier duquel était gravé un nom.

Le nègre ajouta d'abord à son pécule la récolte de la journée, qui était bonne, puis il ouvrit vivement le portefeuille.

— C'est bien cela ! dit-il après avoir parcouru quelques papiers ; F. A ! ce sont les deux initiales...

Son émotion était si vive que ses jambes fléchissaient sous le poids de son corps. Il se laissa tomber sur le grabat.

— Après avoir cherché patiemment et sans relâche pendant vingt ans ! murmura-t-il, aurais-je enfin trouvé !... Hélas ! je me suis cru tant de fois sur le point de réussir ! si j'allais me tromper encore !

Sa tête s'affaissa sur sa poitrine ; il demeura un instant immobile et comme accablé sous le poids d'une pensée triste ; mais bientôt sa haute taille se redressa et son regard brilla d'espoir.

— Non, non ! dit-il, cette fois je ne me trompe pas ! Dieu est bon. Tout me dit que c'est elle, et mon labeur touche à son terme.

Il se remit debout. Son noir visage, dont les traits fortement caractérisés respiraient la vigueur morale et la bonté, prirent une expression de solennelle douleur, tandis qu'il s'inclinait respectueusement devant le trophée et portait les épaulettes d'or à ses lèvres...

Il resta longtemps ainsi, perdu dans de lointains souvenirs ; puis deux larmes s'échappèrent de ses yeux et coulèrent lentement sur l'ébène de sa joue.

— Maître à moi ! dit-il d'une voix douce en prenant involontairement le patois nègre depuis longtemps oublié ; bon maître à moi !

Ces paroles semblèrent éveiller en lui tout un passé d'amour ; il baisa les épaulettes avec une sorte de transport.

— Tu es là-haut, près de Dieu ! tu me vois ! s'écria-t-il d'une voix pleine de passion ; tu pries pour l'enfant qui n'a plus de père. Regarde-moi, maître, et réjouis-toi. Ton serviteur a été longtemps à t'obéir, car il est faible et n'avait rien qui pût le guider dans l'accomplissement de sa tâche, mais grâce au ciel, voici un indice, et ta dernière volonté va être enfin accomplie !

III

SOIRÉE CHEZ LA MARQUISE

L'hôtel de Rumbrye était un vaste et bel édifice, situé entre cour et jardin, et dont la porte cochère s'ouvrait sur la rue de Grenelle.

Les écussons, martelés durant l'ère républicaine, n'avaient point été rétablis, mais on voyait encore aux grands balcons de fer contournés le dragon de Rumbrye et le bâton de maréchal de France.

C'était, derrière son mur plein, percé d'un portail sévère, un hôtel de grand style avec larges dégagements et façade de palais.

Pour arriver à la porte principale, il fallait gravir un haut perron circulaire, dont les degrés de marbre supportaient tout un jardin de faïence normande, émaillé de belles fleurs.

Ce soir, c'était fête à l'hôtel. Le vestibule était illuminé. Des laquais en livrée montaient et descendaient sans bruit, comme font les valets de bonne maison, les marches tapissées du grand escalier.

Du dehors, les salles et galeries paraissaient vivement éclairées.

Çà et là on apercevait, derrière quelque rideau entr'ouvert, les corniches sculptées des lambris, ou le cadre doré d'un séculaire portrait de famille. Les lustres étincelaient à travers la gaze et la soie, et leurs prismes de cristal jetaient aux murs des maisons voisines de fugitifs reffets.

On voyait tout cela, mais seulement lorsque la porte cochère ouvrait ses deux battants pour donner passage à quelque calèche armoriée.

L'équipage passé, la porte se refermait ; on ne voyait plus rien.

Car le beau monde ne montre qu'un coin de ses joies. C'est seulement à la dérobée que le profane peut percer d'un furtif et curieux coup d'œil le mystère de ces nobles magnificences.

Il y avait foule aux abords de l'hôtel : des gueux et des badauds ; les gueux étaient encore fort nombreux en 1817 si près de la révolution et des guerres de l'empire ; les badauds sont innombrables en tout temps.

Chaque fois que la porte cochère s'ouvrait, cinquante regards avides, s'élançaient, traversaient la cour, et plongeaient comme autant de flèches dans les profondeurs du vestibule.

— De beaux diamants ! disait l'un en voyant une belle dame descendre de voiture.

— C'est du faux ! répondait un autre en haussant les épaules.

— Quel teint frais ! répétait l'optimiste.

— C'est du fard ! répliquait le jaloux.

Puis les lourds battants se rejoignaient bruyamment et tout le monde se taisait.

Parfois quelques apôtres d'estaminet passaient la panse pleine, s'arrêtaient et grognaient des lieux communs sur l'insolence des riches. Ces messieurs ne donnent jamais que cela aux pauvres. Puis ils retournaient dans leurs tabagies boire à la santé de ceux qui ont faim.

Les palais, au moins, sont généreux. En ce siècle nous avons vu ce que vaut le règne des bouges.

Vers onze heures la scène s'anima : Les voitures se succédaient avec une telle rapidité, que le suisse dut tenir la porte grande ouverte. Les badauds regardèrent alors tout à leur aise, et, contents de leur soirée, regagnèrent leur gîte en reprochant au ciel de ne leur avoir point donné un demi-million de revenus.

Mais les vrais Parisiens demeurèrent de pied ferme, et leur phalange héroïque se recruta d'une notable quantité de ces nomades industriels qui ouvrent les portières des fiacres et baissent les marche-pieds. Malheureusement les voitures de place étaient ici en minorité. C'est à peine si quelque fiacre honteux prenait l'audace de se glisser parfois entre deux resplendissants équipages.

A l'intérieur, les salons commençaient à s'emplir. Ce n'était point un grand bal que donnait madame de Rumbrye ; c'était une simple soirée. Elle l'entendait ainsi du moins.

Beaucoup d'honnêtes gens ne saisissent pas bien la différence qui existe entre un grand bal et une simple soirée, dans ces divers mondes que les « reports » très-renseignés appellent indistinctement le *grand monde*. Il y a une multitude de grands mondes dont quelques-uns sont fort petits quoique immensément peuplés, et parmi lesquels, même on rencontre de très-vilain monde.

Règle générale : les reporters parlent rarement du vrai grand monde, parce qu'ils ne savent pas son adresse.

Voici les caractères communément acceptés : Pour une soirée, on n'invite que des amis, tandis que pour un bal on rassemble toutes ses connaissances ; mais la liste est la même. Et, de fait, il faudrait avoir de bien tristes connaissances pour ne les point admettre au nombre de ses amis, quand il s'agit simplement d'emplir de vastes salons ayant horreur du vide, et ne faisant leur effet complet qu'avec un public suffisant. Cela, d'ailleurs, ne tire point à conséquence.

Quoi qu'il en soit, la soirée de madame de Rumbrye, tout en n'étant point un bal, présentait une assez belle cohue de toilettes princières. Il y avait des noms, mêlés en salade. Ce n'était pas un salon « pur ; » c'était un salon brillant.

Et les naïfs pouvaient se dire à la rigueur : que serait-ce donc si madame la marquise donnait un grand bal ?

Cette possibilité flatteuse renferme le but et le motif de la subtile distinction que nous venons d'indiquer.

Il était onze heures et demie. L'orchestre avait préludé ; la maîtresse de la maison n'était point à son poste.

Hélène, avec une grâce parfaite et cette science infuse du monde qui semble être le lot des filles de race, faisait les honneurs en l'absence de sa belle-mère, et les faisait bien ; mais chacun se demandait néanmoins où était la marquise ; M. de Rumbrye avait jeté deux ou trois fois des regards inquiets et impatients vers la porte de l'appartement de sa femme.

Elle parut enfin. Tous les yeux se fixèrent sur elle ; ceux des femmes avec envie, ceux des hommes avec admiration. Un murmure parcourut la salle entière.

Pour nous qui venons de la voir charmante et toujours diverse, Mme de Rumbrye s'était encore une fois transformée. Elle ne s'était point dépouillée de sa grâce native, mais elle l'avait modifiée.

Aucune trace ne restait de son nonchalant maintien ; tout en elle s'était fait digne et plein de réserve : la créole jouait son rôle de grande dame.

Elle traversa lentement les salons, variant à l'infini ses compliments et ses sourires, et alla s'asseoir auprès de Mlle de Rumbyre qui, seule, dans cette resplendissante réunion, pouvait lui disputer le prix de la beauté.

Il ne faut point croire que madame la marquise eût perdu son temps depuis son retour.

Quand elle avait quitté Carral, ce soir, il était plus de neuf heures. Or, à son âge, si belle qu'on puisse être, la toilette ne s'improvise plus.

De là son retard.

En arrivant, elle fit à Hélène un signe de tête plein d'affection, auquel la jeune fille répondit par un salut respectueux. Il y avait dans ce salut un peu de contrainte et beaucoup de froideur.

Le bal reprenait son cours. Pendant cela, nous ferons connaissance avec les personnages secondaires de notre drame.

M. le marquis de Rumbrye était un vieux gentilhomme plein d'honneur et de loyauté. Il avait été autrefois fort épris de sa femme, et certes, son mariage n'était point de ceux qu'on appelle « de raison, » mais les méchantes langues prétendaient qu'avec le temps il avait appris à la mieux connaître, et que cette épreuve n'avait point tourné à l'avantage de madame la marquise.

Cette union était regardée par beaucoup de gens comme une mésalliance. Les suites n'en avaient pas été heureuses.

Les apparences étaient néanmoins gardées comme il convient entre les deux époux. A cet égard, M. le marquis se montrait sévère.

Ce manque de paix dans son intérieur rendait M. de Rumbyre froid et peu désireux de se produire. Ancien émigré, comblé de dignités et d'honneurs par la branche aînée de Bourbon, il subissait les nécessités de sa haute position et *représentait* comme il faut, mais ces fêtes le fatiguaient, il eût voulu fuir la société de ses pairs.

Mme la marquise, nous l'avons dit, avait un fils de son premier mariage. Elle aimait ce fils d'une tendresse passionnée et sans bornes ; c'était peut-être le seul sentiment louable qui fût au fond du cœur de cette femme, que le hasard semblait avoir parée de toutes les séductions pour mieux masquer le noir et repoussant abime de son âme.

Toute l'affection de M. de Rumbrye était concentrée sur sa fille, Hélène, qu'il avait eue aussi d'un premier mariage, et il s'applaudissait de n'avoir point d'enfant de son union actuelle.

A part Hélène, il n'aimait plus personne, si ce n'est le roi beaucoup, et un peu notre ami Xavier qu'une circonstance fortuite avait fait son protecteur deux ans auparavant, pendant la réaction des Cent-Jours. C'était là, du reste, un de ces services que tout homme de cœur peut rendre ou recevoir.

Xavier, jeune et dont l'enfance avait été bercée par le récit de nos victoires, avait salué avec enthousiasme le retour de Napoléon, qui était pour lui la gloire même de nos armes.

Ses opinions connues l'avaient mis en situation de défendre efficacement le vieil émigré contre les insultes de ces lâches coquins qui conspuent sans cesse le vaincu, croyant ainsi glorifier le vainqueur.

Ce bon office rapprocha M. de Rumbrye de Xavier. Malgré la différence d'âge et d'opinion, malgré l'extrême distance qui les séparait sous le rapport de la position sociale, une sorte de liaison se forma entre eux. Le marquis était fait pour apprécier l'âme excellente du jeune homme. Il lui ouvrit les portes de sa maison. Il fit plus, il lui parla quelques fois de manière à éveiller un espoir dans ce cœur presque enfant.

Le mot espoir dit trop peut-être, mais il est certain que Xavier n'avait pu voir impunément Hélène de Rumbrye, meilleure encore qu'elle n'était belle. Ils furent attirés l'un vers l'autre à leur insu sous le regard de M. de Rumbrye qui souriait en silence à ce sentiment, respectueux d'un côté, candide de l'autre et admirablement pur des deux parts.

Hélène était une charmante jeune fille. Sa beauté consistait plus dans l'expression que dans la parfaite régularité de ses traits. Ses grands yeux bleus avaient des regards doux et fins ; son front sérieux pensait ; sa bouche mobile avait à peine besoin de parler pour se faire comprendre. Elle était pieuse comme les anges et n'avait pas de meilleure joie que la charité, mais elle était brave aussi et sous les grâces enfantines de ce front la ferme volonté pouvait naître.

Elle avait perdu sa mère trop tôt : une noble et chère femme qui lui avait appris à se confier en Dieu. Son père ne l'avait point remise aux soins de Mme de Rumbrye ; il l'avait élevée lui-même, libre sous l'attentive surveillance de l'amour paternel.

Mme de Rumbrye, de son côté, qui avait ses raisons pour gagner la confiance et l'amitié d'Hélène, s'était montrée dès le commencement pleine de prévenances, et ne lui avait dit jamais que de caressantes paroles.

Mais Hélène se défiait de Mme de Rumbrye.

Elle ne croyait point à son affection. Parfois, elle s'était fait scrupule de cette froideur qui la glaçait en présence de sa belle-mère. Ce sentiment, plus fort qu'elle, avait persisté.

Il y avait une raison pour cela : une raison vivante, qui se nommait M. Alfred Lefebvre des Vallées, commensal de la maison, ayant son appartement à l'hôtel et place surtout à l'écurie. Ce M. Alfred n'était autre que le fils chéri de Mme de Rumbrye.

Il vivait en seigneur et n'était pas riche. Nous reparlerons de lui.

Maintes fois la marquise, avec de grandes affectations de tendresses avait essayé de sonder le cœur d'Hélène. Elle avait dépensé, pour arriver à son but, plus de diplomatie qu'il n'en faudrait pour garnir la trousse d'un très-habile ambassadeur, et n'avait point réussi.

Hélène se tenait sur ses gardes ; à tort ou à

raison, elle avait cru deviner que sa fortune était une proie, convoitée par Mme la marquise pour réparer les torts de la destinée à l'égard du jeune M. Alfred.

Elle ne se trompait point. Telle était en effet l'ambition de la créole et la froideur d'Hélène l'irrita sans lui faire abandonner son dessin.

C'était pour elle, ou plutôt pour son fils un coup de partie ; rien ne pouvait remplacer ce magnifique enjeu. Mme de Rumbrye résolue à vaincre, n'importe par quel moyen, regarda tout autour d'elle, cherchant l'obstacle qui lui barrait le chemin.

Elle vit Xavier qui lui sembla un ver de terre à côté de son fils ; elle s'indigna à la seule pensée qu'une comparaison même lointaine put être établie entre ce petit Xavier et le brillant M. Alfred Lefebvre des Vallées. Une colère sourde naquit et grandit en elle.

Dans sa pensée, Xavier lui volait l'avenir de son fils.

Or, ce fils était tout ce qui lui restait de cœur.

Nous saurons bientôt le passé de cette femme au sang violent, à l'audace indomptable. Quand une créature comme elle a choisi son but et qu'elle rencontre une barrière humaine sur son chemin, il faut que la barrière tombe.

Comment ? n'importe. La créole, à force d'audace et de volonté était devenue un jour marquise de Rumbrye.

Qu'y a-t-il au monde de plus malaisé que cela ?

Elle regarda l'obstacle et se dit : je passerai !

M. de Rumbrye, du reste, avait contribué, de son côté, à exalter les frayeurs de sa femme au sujet de Xavier, et la haine que devaient faire naître ces frayeurs. Il s'était plu, par vengeance peut-être, à lui laisser entendre que Xavier pourrait un jour appartenir de bien près à sa famille. Ce fut le comble, et Mme de Rumbrye se décida à entamer la guerre. Nous avons vu avec quelle sauvage perfidie elle ouvrit les hostilités.

Il nous reste à remplir notre promesse en parlant de son fils, cause innocente de cette cruelle bataille. C'était un grand beau garçon blond, de cinq pieds sept pouces passés, cultivant la mode alors naissante des favoris dits à la Guiche, et respirant avec peine sous l'étouffante pression de son gilet à corset.

M. Alfred Lefebvre des Vallées était regardé comme un modèle accompli par son tailleur : il parlait supérieurement chevaux, et poussait la libre pensée jusqu'à fumer parfois dans la rue, ce qui était alors hardi.

Sa mère affirmait qu'il avait beaucoup d'esprit ; à force de l'entendre dire, il avait fini par le croire sincèrement. Au demeurant, il n'était pas beaucoup plus sot que le commun des serviteurs de la mode, en tous temps et par tous pays.

Il avait la bonté d'approuver le projet conçu par sa mère de lui donner pour femme Mlle de Rumbrye. Il trouvait Hélène jolie personne, et n'avait aucune espèce de répugnance pour les cinq cent mille livres de rente du marquis.

Mais son adhésion n'était pas la plus difficile à obtenir.

M. de Rumbrye, sans jamais mettre en oubli aucune convenance, ne prenait point la peine de cacher le peu de cas qu'il faisait de M. Alfred Lefebvre des Vallées. Il y avait si peu de chance de le voir prêter les mains à une union de ce genre, que Mme de Rumbr.ye, dès l'abord avait tourné ses batteries contre Hélène, à qui son père ne savait rien refuser.

Elle s'était dit qu'en appuyant avec adresse les efforts personnels de M. Alfred rien ne serait plus aisé que d'inspirer à la jeune fille un tendre sentiment à l'égard d'un cavalier si accompli.

Par malheur, le succès ne répondit nullement à son espérance. Hélène fut rebelle au fils comme à la mère.

M. Alfred eut beau se pavaner devant elle dans tout l'éclat de ses toilettes ingénieusement excentriques, il n'obtint pas même un regard.

Assurément, c'était là une chose toute simple et qui n'avait point de quoi étonner. Les jeunes personnes de bon sens et d'esprit ont une répulsion toute naturelle pour les vivants mannequins corsetés, rembourrés, cousus pour ainsi dire dans leur enveloppe, comme était M. Alfred Lefebvre des Vallées.

Mais Mme la marquise qui était pourtant une femme d'excellent goût, devenait aveugle dès qu'il s'agissait de son grand dadais de fils.

— Pour dédaigner mon Alfred, se dit-elle, il faut que cette petite sotte ait été ensorcelée !

D'avance elle connaissait celui qui avait jeté le maléfice. C'était Xavier.

Xavier ! un échappé de collége qui portait deux mois de suite le même habit ! Xavier ! un naïf, un timide que M. Alfred Lefebvre des Vallées dépassait de toute la cravate ! c'était non-seulement fâcheux, mais souverainement humiliant. Cela criait vengeance et Mme la marquise entra en campagne à la sauvage, sans déclaration de guerre préalable. Carral, son âme damnée fut envoyé en éclaireur sur le territoire ennemi.

Il reçut ordre de s'insinuer auprès de Xavier, d'entamer son « éducation parisienne, » c'est-à-dire de lui apprendre la paresse, le goût du plaisir à outrance, tout ce que doit savoir un étudiant pour rire, et au besoin de quelque chose de pis. Carral était un professeur très-capable de mener à bien une entreprise pareille. Il avait ses diplômes.

Pour apprécier le mérite de la stratégie, mise en œuvre par Mme la marquise, il faut se bien pénétrer de ceci : tout grand monde, qu'il soit pur, demi pur, sujet à caution ou même officiel, se compose de deux classes essentiellement distinctes : les gens assis et les gens *tolérés*.

Les premiers sont à leur place et chez eux, leur monde a besoin d'eux, ils ont droit à leur monde ; à moins qu'ils n'encourent la déchéance majeure, on ne les en peut point chasser. Ce sont des inamovibles.

Les autres, au contraire, sont parvenus par voie d'élection ; ils sont *reçus;* leur exclusion ne molesterait qu'eux seuls ; ils ne sont point, comme les premiers, parents ou alliés d'un bon tiers du salon ; ils n'ont pas de racines.

Xavier était du nombre de ces derniers. Appliqué à tel jeune secrétaire d'ambassade ou au fils d'un pair de France, l'expédient de Mme la marquise cût été pitoyable ; il eût mis peut-être ces messieurs à la mode. Dirigé contre Xavier il prenait une certaine valeur : on ne pardonne rien aux tolérés.

Donc, si Mme la marquise après réflexion, avait, comme nous l'avons vu, abandonné ce plan de bataille pour un autre, cet autre devait présenter de bien belles chances de succès, à coup sûr.

IV

UNE HISTOIRE AU DESSERT

Quand Mme la marquise entra dans la fête, où Hélène l'avait remplacée, son regard fit rapidement le tour des salons, sans oublier un seul recoin.

Carral n'était pas là. Un nuage assombrit le front de Mme de Rumbrye.

— Ce fou essayera de rompre sa chaîne, pensa-t-elle.

M. de Rumbrye, qui causait avec Xavier dans

une embrasure, fit un pas vers sa femme, et la salua.

— Nous étions inquiets, madame, dit-il à voix basse.

Ces mots renfermaient une question. La créole, avant de répondre, adressa un de ses plus charmants sourires à Xavier, qui n'avait point quitté le marquis.

— Vous êtes bien bon, monsieur, dit-elle ensuite. Vous me faites souvenir que je dois des remerciments à notre chère Hélène qui m'a sans doute remplacée, pendant mon absence involontaire.

— Ma fille est chez elle, madame ; vous ne lui devez point de remerciments. J'espère que vous n'avez pas été indisposée ?

La créole ressentit le coup, mais n'en laissa rien voir sur son visage. Elle dit avec la plus grande tranquillité :

— J'ai été en retard pour ma toilette, parce que j'avais mes pauvres à visiter, ce soir.

M. de Rumbrye s'inclina de nouveau, et céda la place à M. Alfred Lefebvre des Vallées, qui venait rendre ses devoirs à sa mère.

Pendant cela, Xavier avait offert sa main à Hélène pour la contredanse.

— N'avez-vous point vu M. de Carral, Alfred ? demanda la marquise.

— Ma parole d'honneur, madame, répondit le jeune M. des Vallées avec l'accent anglais d'écurie qui commençait seulement à s'introduire à Paris, je ne m'occupe guère de M. de Carral, certainement, comprenez-vous ? Je suppose que vous trouvez mon gilet de bon goût.

— Sans doute.

— Il n'est pas de Staub, madame, je vous l'affirme sérieusement. Cela vous étonne ? Staub est vulgaire ces temps-ci. C'est un petit tailleur que je forme sans rien dire à personne. Il ira loin, j'en signe mon billet !

— Je le crois, murmura la marquise avec distraction.

— Ma parole d'honneur, vous ne m'écoutez pas ! s'écria M. Alfred Lefebvre des Vallées qui se mit à rire ; c'est étonnant !

— Alfred, reprit Mme de Rumbrye, je voudrais parler à M. de Carral. Faites-moi le plaisir de me l'envoyer sur le champ.

— Staub a eu son temps, voilà la vérité, dit M. Lefebvre des Vallées avec importance, mais c'est de l'histoire ancienne.

Et il promena son gilet qui n'était pas de Staub, la plus grande gloire du tailleur qu'il y ait dans l'histoire de France, à travers tous les salons. Nulle part il ne trouva M. de Carral.

— Du diable si ma mère ne perd pas la

tête, pensa-t-il, de me faire chercher celui-là ! Je vais faire un tour de bouillotte.

La contredanse allait toujours. Hélène et Xavier restaient silencieux à côté l'un de l'autre. A la seconde figure seulement, Hélène dit :

— Voici bien longtemps que vous n'étiez venu vous voir, mon père désirait votre visite.

Xavier, timide comme presque tous les bons cœurs, chercha une réponse à cette parole si simple et n'en put trouver.

Ce serait une étude assez curieuse (pour les danseurs) sinon très-utile, que de rechercher pourquoi la musique des quadrilles arrête au passage toute pensée ayant le sens commun et semble agiter dans le vent un tourbillon de banalités.

Les poètes de la chaîne anglaise et de la

pastourelle prétendent, il est vrai, que l'atmosphère du bal communique à tous les sujets, même « la pluie et le beau temps » des saveurs tout à fait exquises, je ne dis pas non, et il faut bien qu'il y ait quelque chose comme cela pour que pendant quatre ou cinq heures d'horloge, des personnes de l'un et l'autre sexe, nombreuses et fort raisonnables, en moyenne, réunies d'ailleurs dans ce but exprès, évoluent paisiblement et manœuvrent d'une façon uniforme en échangeant les répliques d'un dialogue immuable qui pourrait être noté comme la musique des contredanses.

A la troisième figure, Hélène reprit :

— Ne vous a-t-il point écrit ?

— Non, répondit Xavier.

— Alors, vous êtes venu de vous-même ?

— Non, répondit encore Xavier ; pas tout à fait, du moins, quelqu'un m'a dit...

Il s'arrêta court parce que sa phrase glissait vers cette conclusion impossible : à savoir qu'il était venu parce que le méndiant noir de S¹ Germain des Prés avait dit, sous sa fenêtre :

— Son père vous attend.

Comment dire cela ? et à quoi bon ?

La dernière figure les sépara un instant ; quand ils se rejoignirent, Hélène dit rapidement et très-bas.

— Il y a quelqu'un qui vous déteste.

— Moi ! s'écria Xavier hors de garde.

— Parlez moins haut, je vous prie.

Il y avait de la frayeur dans l'accent d'Hélène, Xavier se tut aussitôt.

— Bon ! fit-elle avec un peu d'impatience, voilà que vous ne parlez plus du tout à présent !

Et comme Xavier restait tout interdit, elle ajouta :

— Écoutez, j'ai peut-être tort, mais il me semble que j'accomplis un devoir. Mon père a pour vous de l'affection... et aussi de la reconnaissance, il ne me refuserait pas la permission de vous donner un bon conseil.

— Je suis prêt à vous obéir... balbutia Xavier.

— Un conseil, répéta Mlle de Rumbrye, ce n'est qu'un conseil. Croyez-moi, M. Xavier, tenez-vous sur vos gardes.

Ceci était dit gravement et sonnait presque comme une menace. La surprise de Xavier était au comble. Il dit comme on pense tout haut :

— Qui donc s'aviserait de me vouloir du mal ? je ne me connais point d'ennemis...

Mais il se toucha le front tout à coup, un souvenir lui venait. Il ajouta en relevant son regard sur Hélène :

— C'est singulier ! Carral m'a dit que j'avais un ennemi !

— Ah ! fit Mlle de Rumbrye, M. de Carral vous a dit cela ?... quand ?

— Ce soir même.

— Et ne vous l'a-t-il point nommé ?

— Non... je ne voulais pas le croire, je suis si parfaitement ignoré ! je tiens si peu de place sur la terre...

— Détrompez-vous, M. Xavier, l'amitié de mon père vous a fait au moins un jaloux, ce M. de Carral a raison, et il est à même de le savoir mieux que moi peut-être... mais du moins, ce que je sais,... ce que je crois savoir... moi, je ne le tairai pas. La personne qui vous en veut est Mme la marquise de Rumbrye.

A peine avait-elle prononcé ce nom qu'elle se sentit toucher légèrement l'épaule. Elle se retourna ; la marquise était derrière elle.

— A votre tour, mon enfant, dit celle-ci avec une douceur enjouée; vous manquez le dernier en avant deux.

Hélène partit, confuse et un peu tremblante.

Mme de Rumbrye la suivit d'un regard maternel.

— Qu'elle est belle et gracieuse! murmura-t-elle de manière à être entendue de Xavier, à qui elle sourit bonnement.

Xavier partit à son tour.

Alors la physionomie de la marquise changea. Elle pensa avec une colère concentrée.

— Elle m'a devinée! elle aura l'appui de M. de Rumbrye! et ce misérable Jonquille ne vient pas!

Les contredanses se suivent et ne se ressemblent point. Quand Xavier eut reconduit Hélène à sa place, l'orchestre préluda de nouveau, et Mlle de Rumbrye, pour acquitter l'engagement, inscrit sur son carnet, dut accepter la main de M. Alfred Lefebvre des Vallées, qui lui fit, à brûle-pourpoint, des compliments traduits de l'anglais. Après lui avoir juré sur son honneur que Staub baissait dans l'opinion des *true gentlemen*, il poussa la galanterie jusqu'à lui proposer un pari de 20 livres sur les chances que l'auteur de son gilet avait de battre Staub, cette année à l'exhibition de Long-champ. *Indeed, mé'ém, you never pay, if I am winning, of course !*

Vers deux heures du matin, Carral se présenta enfin à la porte de l'hôtel. Il était pâle et défait. En entrant, ses yeux se baissèrent ; il n'osait point regarder ses amis en face, tant il craignait d'être accueilli par un rire de dédain.

Il savait que madame de Rumbrye n'était point femme à faire de vaines menaces ; il se croyait déjà dévoilé.

Quand il vit que chacun le recevait comme à l'ordinaire, sa poitrine fut soulagée d'un poids écrasant.

Il reprit une partie de son assurance et se glissa dans une embrasure, espérant échapper quelques temps encore au regard de la créole.

— Je vais observer, pensa-t-il ; peut-être n'osera-t-elle pas... Si elle parle, je me montrerai.

Carral s'abusait. Mme de Rumbrye l'attendait toujours, et n'avait pas perdu de vue un seul instant la porte du salon.

Elle l'avait vu, dès son entrée, et s'était mise à l'écart, sûre désormais de sa victoire.

Peut-être n'eût-elle point parlé s'il n'était pas venu.

Déjà la danse se ralentissait. Un large cercle de causeurs s'était formé autour de la maîtresse de la maison. Le souper approchait. On soupait encore dans les règles, à table.

Mᵐᵉ de Rumbrye se montrait d'une gaité toute aimable ; elle ne tarissait pas en jolis mots, et deux jeunes académiciens l'avaient déjà comparée plusieurs fois à Corinne qu'ils avaient fréquentée avant la révolution.

On annonça le souper.

La marquise prit avec un charmant abandon le bras de Xavier, étonné d'un tel honneur, et s'achemina vers la galerie où la table était dressée.

En passant devant l'embrasure où se cachait Carral, elle se mit à rire bruyamment comme si un souvenir subit excitait vivement son hilarité.

— Monsieur Xaxier, dit-elle à haute voix, savez-vous l'histoire de Jonquille ?

Carral sentit au cœur une douleur aiguë et ne respira plus.

Xavier avait répondu négativement.

— Et vous, messieurs? continua Mme de Rumbrye en se tournant vers ceux qui la suivaient.

— Jonquille! répéta un invité ; c'est un singulier nom!

— C'est un nom fort commun parmi les mulâtres, monsieur, aux colonies.

— Ma parole d'honneur, ce doit être drôle! dit Alfred Lefebvre des Vallées. Jonquille! joli nom de poulain!

— Faites-moi penser à raconter cette histoire je vous prie, reprit Mme de Rumbrye en s'adressant de nouveau à Xavier.

Le jeune homme s'inclina. La foule s'écoula lentement. Quand il n'y eut plus personne, Carral sortit de sa cachette.

Son visage était effrayant à voir.

— Elle me savait là! murmura-t-il en grinçant des dents. Cette femme est un démon!

Comme elle se fait un jeu de ma torture!... Et c'est lui!... lui qu'elle charge de provoquer ce récit!

Il composa de son mieux ses traits, et entra à son tour dans la galerie.

Autour d'une table oblongue, chargée de mets, une ceinture brillante de femmes s'enroulait toute chatoyante d'or, de diamants et de fleurs.

Derrière elles, les hommes servaient ou mangeaient, suivant leur instinct.

M. Alfred Lefebvre des Vallées mangeait, au grand détriment de son gilet, dont toutes les coutures craquaient et menaçaient catastrophe. Il n'était pas de Staub.

C'était, en vérité, un spectacle féerique. Les splendides surtouts renvoyaient, brisée, la lumière des lustres. Les visages un peu fatigués des dames, vivement illuminés, empruntaient à tout cet éclat une fraîcheur factice peut-être, mais éblouissante.

Il va sans dire que Carral n'était point en humeur d'admirer ce coup-d'œil. Dédaignant désormais de se cacher, il marcha résolument vers la marquise.

— Croyez-moi si vous voulez, madame, dit M. Alfred des Vallées, voici Carral que j'ai cherché inutilement toute la soirée ! D'où sort-il, je n'en sais rien, parole !

— En vérité ! s'écria madame de Rumbrye en se tournant vers le nouvel arrivant ; il y a un siècle que nous n'avons eu le plaisir de vous voir, monsieur !

Carral salua silencieusement.

— Mais vous semblez tout changé, reprit la marquise avec une impitoyable bienveillance : avez-vous donc été malade ?

— Je souffre, répondit Carral à voix basse.

— Du diable s'il n'a pas une figure de déterré, grommela M. Alfred Lefebvre des Vallées, que son corset gênait et qui était de mauvaise humeur.

Car les sangles sont commodes ou nuisibles aux « produits » anglais, selon qu'ils ont deux pieds ou quatre pattes.

Mme de Rumbrye poussa son fauteuil de côté.

— Qu'on donne un siége à M. de Carral ! dit-elle avec une imperceptible ironie dont lui seul pouvait apercevoir et sentir le trait.

— Asseyez-vous près de moi, continua-t-elle ; les malades et les dames ont droit aux mêmes égards.

Carral, avec une obéissance automatique, s'assit et demeura immobile. La conversation, un instant interrompue par cet incident, redevint bientôt générale.

— Mᵐᵉ la marquise, dit Xavier au bout de quelque temps, m'a chargé de lui rappeler une promesse qu'elle a daigné nous faire : l'histoire de Jonquille...

— Au dessert, interrompit la marquise en interrogeant Carral du regard.

Celui-ci ne bougea pas. Les muscles de son visage semblaient de bronze.

— Ma parole d'honneur! madame! s'écria M. Alfred Lefebvre des Vallées, c'est abuser de notre impatience!

— Vous qui contez si bien!

— D'une manière si piquante!

La créole hésita un instant non point par pitié, mais par calcul. Tandis qu'elle hésitait, Carral se tourna lentement vers elle, et la regarda en face.

Elle prit ce regard pour un défi ; et comme l'assemblée entière continuait de la presser, elle appela sur sa lèvre un sourire cruel et dit :

— J'aurais mauvaise grâce à tarder davantage, nous y voilà. Ecoutez donc l'histoire de Jonquille ; c'est une actualité.

— Silence, au nom de Dieu ! murmura Carral d'une voix sourde.

— Il y avait donc à Saint-Domingue, commença la marquise sans s'émouvoir le moins du monde, un mulâtre qu'on appelait Jonquille. Il était fils d'une négresse nommée Pasiphaé, et d'un domestique blanc, appelé Lafleur...

— Assez ! fit Carral en un véritable râle, je vous le vends ! je le perdrai, je le tuerai s'il le faut !

La marquise continua son récit, qui était d'une sanglante vérité, car sous son nom burlesque ce Carral avait eu une mauvaise et misérable vie, mais auparavant, elle répondit à la prière du mulâtre par un regard significatif. Ce regard promettait la paix. Entre eux, le pacte était cimenté de nouveau.

Mme de Rumbrye n'en raconta pas moins dans tous ses détails l'histoire de Carral. Elle avait commencé ; il était impossible de s'arrêter. Seulement elle changea le nom nouveau, le nom d'emprunt et sous lequel son héros était connu dans le monde parisien, ainsi que sa nationalité mensongère.

Mais comme ce changement eût pu diminuer l'empire qu'elle exerçait sur le mulâtre, elle eut soin de prendre ses précautions et ajouta en terminant :

— Vous connaissez tous, ou du moins pour la plupart, ce honteux et bouffon personnage. Je ne vous dirai point aujourd'hui son nom ; caprice ou scrupule, je ne le veux pas. Peut-être, plus tard, pourrai-je me montrer moins discrète.

Une fois débarrassé de la crainte d'être démasqué, Carral avait repris son impudent caractère.

Nous ne voulons pas dire que, en écoutant ainsi sa propre histoire, racontée d'une façon comique et en même temps sanglante, il ne frémit pas plus d'une fois, mais du moins sut-il parfaitement dissimuler son émotion.

Bien mieux, il fut le premier à insister pour savoir le nom de cet effronté fils de laquais et de négresse qui avait eu l'audace de se poser en gentilhomme.

Il n'y avait que le jeune M. Alfred Lefebvre des Vallées qui criât plus haut que lui.

— Ma parole d'honneur! disait ce gentleman, je donnerais cinquante livres pour savoir le nom de ce malotru!

La marquise se montra inébranlable, et dut se faire, en cette occasion, une grande renommée de discrétion. En quittant la table, elle prit le bras de Carral.

— Vous êtes un fou entêté, dit-elle, et je pense que vous me savez gré de ne vous avoir point puni.

— Je vous remercie, maîtresse, répondit Carral.

— Soyez averti, je ne pardonne qu'une fois. Voyons ! vous êtes en mesure de m'obéir ; vous connaissez je le sais plusieurs de ces établissements clandestins...

— J'en connais plusieurs.

— Choisissez-en un qui soit notoirement suspect.

— Je choisirai le plus mal-famé.

— Et surtout, n'oubliez pas la démarche préliminaire auprès de qui de droit.

— Je n'oublierai rien.

La marquise leva les yeux par hasard.

Son regard tomba sur un groupe, composé de Xavier, d'Hélène, et de M. de Rumbrye.

— Voyez! s'écria-t-elle, ne dirait-on pas qu'ils sont tous les trois d'accord? Il faut se hâter, le temps presse... quand cela sera-t-il fait?

— Cela sera fait demain.

La marquise ne put contenir un mouvement de joie.

— C'est bien, dit-elle. Je compte sur vous, et je vous récompenserai comme je vous aurais puni : grandement!

Ils se séparèrent sur ces mots.

Cependant, depuis le commencement de cette scène, M. de Rumbrye ne les avait point perdus de vue, quoiqu'il semblât fort occupé avec Hélène et Xavier. Aussi, quand la marquise fit à Carral, en le quittant, une grave révérence à laquelle il répondit par un salut plein de respect, M. de Rumbrye hocha la tête et pensa :

— Il y a un secret entre eux, j'en suis certain, je veillerai... à table j'ai surpris d'un côté un coup-d'œil suppliant, de l'autre un regard plein de menace. Ce fut un jour de honte et de malheur que celui où cette femme entra sous le toit de Rumbrye !

V

F.A.

En 1792, il y avait en la ville du Cap. (Saint-Domingue) une jeune orpheline de seize ans qui se nommait Florence-Angèle des Vallées.

C'était à la fois la plus belle et la plus riche parmi les héritières de la colonie. On n'évaluait pas sa fortune à moins de dix millions de livres tournois.

Elle passait pour une jeune personne bien

élevée et d'un bon naturel, mais à vrai dire, on la connaissait peu et c'était surtout sa dot qu'on admirait.

Elle avait pour tuteur M. Duvivier, un vieil habitant à l'esprit étroit, imbu des principes d'éducation mis à la mode par Jean Jacques Rousseau.

Il était très-despote comme tous ceux qui parlent beaucoup de liberté. On prétendait qu'il tenait sa pupille presque captive. Ce n'était pas exact. Le vrai, c'est que Florence-Angèle, à l'âge où les jeunes filles, les créoles surtout cèdent trop souvent à l'attrait de la dissipation, ne connaissait point le monde et ne souhaitait point le connaître; sa vie s'écoulait, solitaire et tranquille dans l'habitation de son tuteur.

Vers le commencement de cette année, M. Duvivier se sépara de son principal commis, homme d'un dévouement à toute épreuve, mais qu'il accusait d'aller à la messe et choisit pour le remplacer un employé qui professait ses propres idées : une manière d'Anglais, grand partisan de la révolution française et protestant jusqu'au point d'être athée.

Il y avait alors un assez grand nombre d'Anglais dans la colonie, et ils s'occupaient beaucoup des noirs, sous prétexte de propagande protestante.

Le nouvel employé était un personnage froid, mais beau parleur cachant sous un apparent attachement aux rêverie, dites « généreuses » qui avaient tourné la tête du bonhomme Duvivier un fond d'égoïsme pervers et d'avide convoitise. Il se nommait Gillie Brown.

Peu de temps après son entrée dans la maison de M. Duvivier, le caractère de Florence changea et ce ne fut pas en bien.

Jusque-là, elle avait été gardée par sa jeunesse et son isolement, mais il n'y avait en elle ni religion ni morale : qui donc lui aurait parlé de ces choses démodées? Aussi son changement fut violent comme une explosion : elle devint tout d'un coup capricieuse, vaine dans sa mise et follement dépensière ; elle méprisa les représentations de son tuteur ; puis, comme le brave M. Duvivier qui n'adorait la liberté qu'en théorie voulut imposer sa loi, Florence-Angèle se fit hypocrite, et apprit à tromper.

Certes, pour qu'une telle transformation eût pu s'opérer dans un temps si court, il fallait que le cœur de la jeune créole cachât un mauvais germe, mais il fallait aussi que quelque circonstance extérieure eût hâté le développement de ces semences funestes.

Il en était ainsi. L'Anglais, avec cette dépravation sans entraînement que les écrivains de son pays savent peindre si bien, parce qu'ils la peignent d'après nature, s'était servi, pour pervertir l'esprit de Florence, de la propre bibliothèque du vieux Duvivier. Il avait fait comme ces sauvages pêcheurs qui empoisonnent le poisson pour le faire tomber dans la nasse.

Le poisson n'était pas ici Florence-Angèle elle même, mais bien sa dot. Gillie Brown avait prouvé à la jeune fille que la raison, la nature et la liberté lui commandaient de se rendre maîtresse de son bien avant l'âge, par un mariage secret.

Il put croire que son plan avait réussi, car moyennant la connivence d'un prédicant calviniste qui vendit la bénédiction nuptiale selon la mode écossaise, il se vit un matin seigneur et maître de la plus riche héritière de l'île. Florence-Angèle était sa femme.

Mais tout n'était pas dit encore. En ce temps-là, une sourde fermentation régnait déjà parmi les noirs. Les colons avaient maintes fois manifesté leurs inquiétudes, et plusieurs, entre les plus clairvoyants, soupçonnaient l'Angleterre d'attiser traîtreusement la révolte. C'etait vrai. Ce trop habile anglais Gillie Brown avait travaillé contre lui-même.

Le gouvernement du Cap demanda des secours à la mère-patrie, et provisoirement fit appel aux colonies environnantes. La Guadeloupe envoya un corps d'infanterie sous les ordres du lieutenant Lefebvre.

Le lieutenant Lefebvre était un jeune officier de grande espérance. Sa présence contint momentanément les rebelles.

Il avait emmené avec lui de la Guadeloupe un domestique nègre, qu'il avait affranchi, et dont il vantait souvent l'attachement à sa personne.

Ce nègre, qui se nommait Neptune, ne le quittait jamais et le suivait jusque sur le champ de bataille.

Cependant la fermentation continuait parmi les noirs. Des émissaires parcouraient incessamment les habitations, distribuaient de l'argent et de l'eau-de-vie, entrant dans chaque case et prêchant la révolte, au nom des idées nouvelles que M. Duvivier commençait à trouver moins généreuses.

A diverses reprises, quelques-uns de ces ténébreux agents furent arrêtés ; ils étaient tous Anglais.

Cette circonstance donna quelques soupçons à M. Duvivier. Il fit épier son premier commis, et acquit la certitude que cet homme était un agent de Londres.

Sans autre forme de procès, il le fit saisir et jeter hors de la colonie.

A la nouvelle de l'expulsion de Gillie Brown, Florence-Angèle fit éclater une douleur mêlée de colère ; au milieu de ses larmes, elle avoua que cet homme était son mari, et qu'elle portait dans son sein le fruit de cette union ; elle se déclara protestante, femme d'un protestant et menaça de quitter la maison sur-le-champ.

M. Duvivier, incapable de comprendre qu'il récoltait ici ce qu'il avait semé, se fâcha comme s'il n'eût pas été lui-même la première cause de ce malheur. Il fit un éclat et déserta publiquement sa tutelle. Puis ayant rendu ses comptes au subrogé tuteur, selon la coutume coloniale il ferma sa porte à sa pupille.

L'agitation sans-cesse croissante qui régnait dans l'île couvrit ce scandale.

Alors commença pour Florence-Angèle une étrange existence.

Riche comme elle était, et imbue désormais des principes de son infâme précepteur Gillie Brown, elle eut l'audace, à dix-sept ans, de braver l'opinion publique. Sa maison devint le rendez-vous de ce monde d'aventuriers toujours si pullulant aux colonies.

Elle déploya un faste extravagant, lâcha tout-à-fait la bride à ses penchants, et appela sur elle le mépris général.

L'Anglais fut bien vite oublié ; ses propres maximes servirent à chasser son souvenir. Il avait fait place nette dans le cœur de son élève, pour une seule divinité : l'égoïsme. Ceux qui servent ce dieu là n'ont point de mémoire. Gillie Brown, du reste, mourut à quelque temps de là et avant la naissance de l'enfant du sexe masculin que Florence mit au monde.

Cet événement interrompit à peine la vie dissipée de celle-ci. Pourtant, il faut le dire, elle se sentit tout de suite une vraie tendresse pour son fils qui fut nommé Alfred.

En dehors de cet enfant, elle ne devait aimer jamais personne qu'elle-même.

Mais elle fut aimée, aimée avec dévouement par un noble cœur.

Elle était si admirablement belle

Le général Leclerc avait pris terre à Saint-Domingue avec les troupes françaises. Un de ses premiers actes avait été d'élever au grade de capitaine le lieutenant Lefebvre dont la belle et ferme conduite avait longtemps maintenu la sécurité dans la ville du Cap. Jaloux de se rendre digne de cette faveur, le nouveau capitaine redoubla de zèle. Souvent, suivi de son nègre Neptune, il s'enfonça seul dans les immenses plantations de cannes et de caféiers qui entouraient la ville du Cap; souvent même, il s'aventura dans les montagnes, afin de connaître la position des noirs révoltés.

Ceux-ci s'étaient définitivement et régulièrement organisés. Leurs forces étaient grandes, leur système de guerre était aussi cruel que dangereux. Plus d'une fois le capitaine Lefebvre, pris dans quelque embuscade, ne dut la vie qu'à la vigueur et à l'intrépidité de son fidèle domestique noir, Neptune.

Ce dernier était un homme de quarante ans à peu près ; sa taille était haute et fermement modelée ; ses traits étaient aussi réguliers que ceux d'un nègre peuvent l'être. En outre, sa physionomie différait remarquablement de celle des gens de sa race : l'expression générale de ses traits annonçait la franchise, le dévouement et une grande force de volonté.

Cette dernière qualité ne l'empêchait point d'être le plus obéissant de tous les serviteurs.

Son maître l'avait affranchi ; c'est à dater de ce jour qu'il était devenu véritablement esclave.

Depuis lors, en effet, il avait voué au capitaine Lefebvre un attachement sans bornes. Quels que fussent les ordres du capitaine, Neptune les exécutait avec la précision d'un automate. Discuter ces ordres lui eût semblé folie ; les oublier lui aurait paru un crime.

Malgré cette complète abnégation et ce dévouement absolu, Neptune était très fier d'être *libre.*

Avec cette naïveté d'enfant, particulière à ses pareils, il comprenait que ne point user d'un droit n'en constitue pas l'abandon. Il se délectait en pensant que le jour où il le *voudrait* tout lien disparaîtrait pour lui.

Par exemple, il était très fortement décidé à ne jamais briser ce lien, parce qu'alors il lui faudrait quitter le maître qu'il aimait au dessus de tous ici-bas.

Entre le capitaine Lefebvre et lui l'attachement était du reste réciproque. Le capitaine avait en son nègre Neptune une confiance entière. Il lui eût donné sans crainte son plus cher trésor à garder.

Et pourtant il lui cachait un secret.

Le capitaine Lefebvre avait vu Florence-Angèle des Vallées pour son malheur. Il s'était épris d'elle et avait demandé sa main peu de temps après la mort de Gillie. Les troubles politiques étouffent le bruit des affaires privées. Le capitaine, d'ailleurs aurait pu entendre beaucoup d'accusations sans y croire. Dans sa délicate tendresse, il enveloppait de mystère les visites très légitimes qu'il rendait à l'habitation de Florence-Angèle.

D'ordinaire Neptune ne le quittait jamais, mais ici le capitaine ayant exprimé la volonté de n'être point suivi, le nègre se le tint pour dit.

Neptune, en effet, n'était point un bon valet à la manière de ceux d'Europe, qui servent quelquefois les gens de force. La volonté de son maître était pour lui une loi absolue.

Ce que le capitaine commandait Neptune le faisait ; de telle sorte que si le capitaine lui eût dit : « Tue-moi ! » il est douteux que le long couteau du nègre fût resté tranquille à sa ceinture.

Dans toute la ville du Cap, le capitaine Lefebvre était peut-être le seul à ignorer la conduite de Florence. Il la croyait pure ; Florence, qui était flattée de sa recherche, avait changé d'allures et étendait sa prestigieuse beauté comme un voile entre lui et la vérité.

Ajoutons que le capitaine était des plus faciles à tromper. Exclusivement occupé de son service militaire, il ne voyait au Cap que Florence ; et

Florence, quand elle voulait, savait parfaitement garder les apparences.

Ils rompirent l'anneau selon la mode créole, puis, le mariage civil à l'européenne étant doublement impossible entre eux, à cause de la minorité de la jeune fille et parce que le capitaine, au milieu des circonstances de plus en plus graves, désespérait d'obtenir l'autorisation de ses chefs : ils s'unirent à l'église, non point secrètement, mais sans pompe ni bruit.

Pour un motif ou pour un autre, Florence Angèle avait caché à son nouvel époux son premier mariage et l'existence de l'enfant de Gillie Brown.

Aussi, quand pour la seconde fois elle fut mère, le capitaine ressentit une joie sans mélange, et son affection pour sa femme devint plus grande encore, s'il est possible.

Florence, au contraire, devint triste ; sa fantaisie avait tourné ; elle se souvint du petit Alfred qui croissait loin d'elle, et n'éprouva qu'indifférence pour le second enfant. En même temps, la sympathie passagère qu'elle avait eprouvée pour le capitaine Lefebvre se changea subitement en aversion. L'éducation *naturelle* ne connaît aucun remède à cela.

Peu de temps avant cette naissance, la guerre civile avait ouvertement éclaté, elle embrassait maintenant l'île tout entière, et presque partout, les nègres, révoltés, commençaient à prendre le dessus.

La ville du Cap, deux fois livrée aux insurgés, était en proie à l'anarchie. Les diverses administrations chômaient : Tout ce que put faire le capitaine fut de constater à l'église, par témoins, la naissance de son fils ; ce mode, du reste, gardait encore valeur légale en quelques lieux.

L'acte fut dressé devant le prêtre qui avait béni le mariage, et les mêmes témoins signèrent cette seconde déclaration.

C'était un domestique de Florence et un mulâtre du nom de Lafleur fils, dit Jonquille, qu'elle avait affranchi afin qu'il pût servir à cet office.

Le capitaine prit un double de l'acte, et l'enfant fut mis en nourrice hors de la ville, dans une habitation neutre, régie par des nègres.

Quelques jours après, le capitaine tenant la campagne, reçut par un messager une lettre de sa femme.

Voici quel en était le contenu :

« Monsieur,

« J'ai cru avoir de l'attachement pour vous, je me suis trompée. C'est un malheur. Nous ne nous verrons plus. J'avais omis de vous faire savoir que j'ai un fils à moi, né d'une première union dont je n'ai point jugé à propos de vous entretenir, un fils que j'aime, parce que son père est le seul homme pour qui j'aie ressenti de l'affection. J'emmène cet enfant avec moi. Je vous laisse le vôtre.

« Les lois du vieux monde s'en vont. Vous ne pouvez rien contre moi, grâce au triomphe de la liberté et de la raison, néanmoins, je garde l'acte de notre mariage. Il pourra servir à mon fils dans l'avenir. Votre fils, à vous, n'a besoin que de vous.

« Ne cherchez point à me suivre. Je veux une séparation, et ma volonté est irrévocable. Il ne faut point m'en vouloir pour cela. J'ai la religion de la nature. Adieu.

« FLORENCE-ANGÈLE. »

Le capitaine se crut le jouet d'un songe pénible. Il relut trois ou quatre fois cette épître extraordinaire, et pensa devenir fou.

Il était républicain peut-être, mais il était soldat et honnête homme. Tant de froide impudence le confondait d'autant plus qu'il avait eu jusque-là pour sa jeune femme presque autant d'estime que de tendresse.

D'abord, il voulut tout abandonner et rejoindre Florence, pour la ramener ou pour la punir. Puis le mépris succéda à la colère, puis au mépris le désespoir.

Sa vie était désormais brisée ; il avait mis en cette union toutes ses espérances de bonheur.

Le temps qu'il avait passé près de Florence lui apparaissait comme un songe heureux, et le réveil n'en était que plus cruel.

Un instant il pensa à mourir ; mais il n'avait

pas tout à fait oublié Dieu qui lui parla de son cher enfant, il se résigna à vivre.

La Providence en avait décidé autrement, et la balle d'un nègre insurgé abrégea le temps de son supplice.

Quelques jours après la réception de cette lettre impudemment terrible qui l'avait foudroyé, son détachement cantonné avec d'autres troupes sur les bords de la Grande-Rivière, fut attaqué par les milices noires de Toussaint, trois fois supérieures en nombre.

Le capitaine, suivant son habitude, combattit vaillamment ; mais, au moment où il s'élançait pour culbuter les nègres à demi-vaincus, il fut frappé d'un coup de feu à la hauteur du sein, et tomba dans les bras de son fidèle serviteur, Neptune.

Sa dernière pensée fut pour son fils, pauvre orphelin, que sa mort laissait sans appui en ce monde, et il le recommanda au Dieu qu'il avait trop longtemps négligé, sans le renier jamais.

Quant à la citoyenne Florence-Angèle Lefebvre des Vallées, ce fut ainsi qu'elle arrangea son nom, après avoir écrit de sa gentille écriture la lettre philosophique que nous avons mise sous les yeux du lecteur, elle rassembla ses diamants, se munit d'une forte somme, et gagna une des Antilles anglaises, d'où elle partit pour Londres.

Ce fut là qu'elle apprit, par un journal français, la fin du capitaine. La mort semblait prendre soin de la débarrasser. A dix-huit ans, elle avait déjà usé deux maris. Aussi donna-t-elle au journal un gracieux sourire.

Elle était libre, bien libre désormais, même en dehors de la philosophie, et son fils Alfred aurait un nom de vaillant soldat que nul ne pourrait lui disputer. N'était-elle pas la veuve du capitaine Lefebvre aussi bien que celle de Gillie Brown? Nous savons qu'en fait de morale, elle n'admettait point de gêne.

Quelque temps après, elle reçut une autre nouvelle, mais celle-ci était beaucoup moins agréable : Nous voulons parler du triomphe définitif des noirs à Saint-Domingue et de l'expulsion des Français.

Florence-Angèle se trouva tout à coup ruinée de fond en comble.

Mais elle était habile à toutes intrigues et continua de mener grand train à l'aide du reste de ses ressources, cela dura longtemps : Londres n'est cruel que pour les infortunes honnêtes.

Puis, quand elle fut lasse de cette vie brillante, mais qui lui semblait trop précaire, car elle prenait de l'expérience; elle daigna donner sa main à un jeune lord, qui s'estima le plus heureux et le plus glorieux des mortels.

Ce cas n'est pas rare à Londres. Du boudoir d'une aventurière à la petite boîte protestante, incluse dans l'immense et catholique nef de Westminster, où les pairs d'Angleterre célèbrent leurs noces, il n'y a souvent qu'un saut de puce.

Pendant cela, le fils de Gillie Brown, le jeune M. Alfred des Vallées devenait un long et mince garçon, qui représentait assez bien, aux côtés de sa mère, sur les moëlleux coussins de l'équipage de milord.

Il ne savait rien, mais il ne voulait rien apprendre, ce qui permettait de conjecturer qu'il ferait quelque jour un estimable dandy.

Le mulâtre Jonquille aussi avait suivi Florence Angèle. Doublement libre par son affranchissement et sa présence en Angleterre, il eut un jour une déplorable idée qui le fit esclave de nouveau. Nous savons l'histoire.

Par compensation, il put se pavaner sous son nouveau nom de Juan de Carral et faire croire à tous qu'il était Andaloux et aussi pur hidalgo que sa majesté le roi d'Espagne.

Ainsi se passèrent pour Florence-Angèle et son entourage les dernières années du xviii° siècle. Son mari, (c'était le troisième,) Lord John Cox de Coxton-Hall, baron Cox, propriétaire d'un bon quart du comté de Norfolk, ne voyait que par ses yeux. Elle fut pendant une saison à la tête de la haute-vie britannique, et ses bals faisaient honte à ceux d'Almack.

Lord John Cox eût donné ses vingt et quelques châteaux pour un de ses sourires; il avait pour elle une si vive affection, ce digne seigneur, qu'il ne buvait plus guère que trois bouteilles de porto-wine à son dîner.

Ce jeûne extraordinaire, ou peut-être la fatale chance que la belle créole semblait porter dans ses ménages, fut cause que Sa Seigneurie lord John Cox, baron Cox se fana comme une fleur et mourut au printemps de la vie.

On l'enterra sur ses terres, et ses nobles amis qui appréciaient fort ses aimables qualités, burent plusieurs gallons de sherry au repas de ses funérailles.

Florence-Angèle resta donc veuve pour la troisième fois.

Nous ne voulons pas affirmer qu'elle regretta vivement son mari, mais elle donna des larmes sincères à ses magnifiques domaines qui étaient substitués et passèrent, avec la pairie, à un nouveau lord Cox, baron Cox, cousin de l'ancien au vingt-quatrième degré.

Florence maudit du fond du cœur la brutalité de la législation anglaise et fit serment de ne jamais se remarier, — avec un membre de cette discourtoise nation.

Elle tint parole. On était alors en 1806. Florence avait passé la trentaine, mais c'était toujours la même enchanteresse : on eût dit que le temps lui-même épris de sa beauté, l'avait voulu respecter. Une multitude de prétendants se pressait autour d'elle, sollicitant sa main, et faisant mille extravagances pour attirer son attention.

Florence demeurait inexorable. Elle avait son projet.

Depuis quelques mois, un émigré français qui, jusqu'alors, avait servi Louis XVIII à Mittau et en Russie, était venu s'établir à Londres. Ce gentilhomme, malgré les pertes considérables que la révolution lui avait fait subir, possédait encore une fort belle fortune pour un Français.

Pour un lord, c'eût été une bagatelle : il n'avait guère que cinquante mille francs à dépenser par mois.

Il se nommait M. le marquis de Rumbrye, était veuf, et avait une fille âgée de six à sept ans. Le jeune M. Alfred Lefebvre des Vallées était en train d'accomplir sa quatorzième année. Florence pensa que Mlle de Rumbrye serait pour lui, dans l'avenir, un parti très-sortable.

Pour ménager cette union, elle compta sur son adresse supérieure, sur l'influence qu'elle saurait acquérir sur le marquis, sur les qualités séduisantes du jeune M. Alfred Lefebvre des Vallées, etc., etc.

Parmi ces espoirs divers, il y en avait de fort raisonnables. Ainsi M. de Rumbrye, qui se montrait grand admirateur de la créole, devait, suivant toute apparence, voir augmenter indéfiniment sa tendresse. D'un autre côté, l'expérience avait maintes fois appris à la charmante veuve qu'un homme, si entêté qu'il fût, ne savait point longtemps résister à son magique empire.

Mais qui peut répondre des événements?

D'abord, tout sembla marcher au gré de Florence-Angèle. M. le marquis de Rumbrye, veuf, et regrettant sincèrement une femme aimable et vertueuse, crut la créole digne de remplacer la compagne qu'il avait perdue.

Il offrit sa main et fut accepté. Après le mariage, (cela faisait quatre) la conduite de Florence fut irréprochable ; elle joua parfaitement le rôle de bonne mère de famille, et voulut se charger de l'éducation de la jeune Hélène. Le marquis était heureux ; il s'applaudissait chaque jour davantage du choix qu'il avait fait.

Mais bientôt un nuage assombrit ce bonheur.

Par hasard, il arriva aux oreilles de M. de Rumbrye quelque chose de la vie passée de Florence qui avait, lui dit-on, prêté autrefois son hôtel de Picadilly à une association de joueurs trop habiles. D'un autre côté, Saint-Domingue n'est pas au bout du monde, et il y avait alors en Angleterre une nuée d'anciens colons, tous bavards admirablement et sachant sur le bout du doigt l'ancienne chronique du Cap.

M. de Rumbrye était un homme de véritable fierté qui renferma son chagrin en lui-même et ne fit point d'éclat. Il s'éloigna seulement de toute la longueur de sa chaîne et Florence vit une sévérité courtoise succéder chez lui aux épanchements des premiers jours ; elle s'aperçut qu'une barrière était mise entre elle et Mlle de Rumbrye.

Comme elle avait toutes les hardiesses, elle alla au-devant d'une explication où elle dépensa des trésors d'éloquence en pure perte.

Le temps était loin où elle avait écrit au capitaine Lefebvre cette lettre dictée par la *nature*. Elle était marquise, les insanités révolutionnaires n'étaient plus à la mode ; aujourd'hui, il lui fallait garder sa position, elle se contint.

Mais c'était bien toujours la même femme, car **vaincue** comme elle l'était, elle jura que personne autre que son fils n'aurait la fortune d'Hélène.

Nous savons qu'elle travaillait à tenir ses promesses.

Tant que les émigrés restèrent à Londres, elle s'efforça sans succès, mais sans découragement de regagner le terrain, perdu pour toujours ; quand vint la restauration de la branche aînée de Bourbon et que la famille de Rumbrye rentra en France, elle se mêla hypocritement au courant de belle piété et de charité ardente qui semblait entraîner Paris à l'expiation de tant de crimes.

M. de Rumbrye resta courtois mais glacé.

Alors, Florence-Angèle perdit espoir ou plutôt elle mit son espoir ailleurs que dans la poursuite d'un pardon impossible.

Carral était aussi à Paris. Il n'avait eu garde de manquer cette occasion de se produire. Il était venu, le malheureux, comme il allait partout où il y avait du bruit et du mouvement. Paris était un centre de fêtes et de pompes de toute sorte. Le mulâtre se pavanait là sans défiance.

Qui donc l'eût reconnu sous son déguisement d'hidalgo?

Mais tout à coup sa joie se changea en détresse. Florence-Angèle avait déclaré la guerre à quelqu'un ; il lui fallait son esclave.

Florence-Angèle dit un mot, et Carral sentit sa chaîne, plus pesante que jamais, se river autour de sa volonté.

Il courba la tête et obéit.

VI

LA TENTATION

Nous revenons dans le salon de Mme la marquise de Rumbrye.

Au moment où cette dernière et Carral se séparaient, après la capitulation du mulâtre, M. de Rumbrye offrit son bras à Hélène et tous les deux quittèrent Xavier.

Celui-ci resta seul ; sa part de joie était épuisée pour cette nuit. Il n'espérait plus désormais aucune occasion de se rapprocher d'Hélène.

Assis dans l'angle le plus sombre du salon, il regardait avec distraction l'éblouissant tourbillon qui passait et repassait devant lui. Sa contenance était triste comme son cœur.

Car, dès que Xavier n'était plus électrisé par le son de quelque voix amie, de cruelles pensées emplissaient son âme. Il se comparait aux autres jeunes gens de son âge, et ce retour sur lui-même le rendait bien malheureux.

Les autres avaient une famille, un père dont ils pouvaient s'énorgueillir, une mère, une mère surtout, à qui confier leurs douleurs et leurs joies !

Il était seul, lui, dans ce vaste monde où nul ne lui devait ni appui, ni secours.

Bientôt, à mesure qu'il réfléchissait, ses tristes préoccupations se confondaient en cette seule pensée : Hélène ! d'autres la recherchaient en mariage ! et ne fallait-il pas qu'elle fût à un autre, puisqu'elle ne pouvait être à lui?

Devant cette poignante crainte, tout disparaissait.

Il oubliait toutes ses autres pensées ; il ne se souvenait plus de cet espoir vague, mais si puissant qui occupait naguère encore toutes ses heures : L'incessant désir de connaître un jour son père et d'embrasser sa mère.

Il enviait, mais c'était seulement à cause d'Hélène, ceux qui avaient une fortune et un nom. Entre tous, celui qu'il jalousait le plus, était le pauvre jeune M. Alfred Lefebvre des Vallées, qui, réellement, n'en valait pas la peine. Mais l'inexpérience de Xavier lui montrait comme d'importants avantages le luxe puérile et l'élégance de mauvais aloi du fils de la créole. — il n'avait que vingt-deux ans.

Quand il disait : Si j'étais riche, c'est qu'il

comprenait que la fortune rapproche les distances. S'il eût été riche, il aurait dit : Si j'étais noble!...

Riche et noble, il n'aurait rien eu à envier, car, parmi ces jeunes gens qui emplissaient les salons de l'hôtel, c'eût été lui que M. de Rumbrye aurait choisi pour gendre de préférence à tous.

Pendant qu'il réfléchissait ainsi, M. Alfred Lefebvre des Vallées passa justement près de lui, appuyé sur le bras d'un petit centaure anglomane, dont la cravate avait six pouces de hauteur.

— Avez-vous été heureux, cette nuit, *my dear* ? disait le petit centaure.

— Croyez-moi si vous voulez Sautenac, répondit M. Alfred Lefebvre des Vallées, je n'ai gagné que cinq cents louis à ma dernière cave!

— Dix mille francs! pensa Xavier stupéfait.

— Bagatelle! reprit l'anglomane ; *it's a very...*

Et comme il ne trouva pas le mot, il termina sa phrase par quelque barbarisme à désinence britannique.

L'art de jouer au sporting-gentleman était encore dans son âge d'innocence.

— Ma parole d'honneur! s'écria M. Alfred, je n'ai jamais entendu prononcer ce mot-là en Angleterre, Sautenac.

— C'est possible, répondit le centaure avec aplomb ; c'est de l'irlandais.

— A la bonne heure, Sautenac... Pour en revenir, ce bancal d'Imbert de Presme... vous savez, Imbert de Presme?

— Je sais...

— Croyez-moi si vous voulez, Sautenac, il a gagné dix mille livres à lord Sydney Sturm.

— C'est un joli coup!

Ils s'éloignèrent.

— Dix mille livres, murmura Xavier ; deux cent cinquante mille francs.

— Rêvez-vous donc que vous êtes millionnaire, ami ? dit auprès de lui la voix de Carral.

Xavier se sentit rougir.

— Quelle folie! balbutia-t-il.

Puis, se remettant, il ajouta

— Et votre belle dame d'hier soir? ne m'en donnerez-vous point des nouvelles?

Le front de Carral se plissa tout à coup.

— Très-cher, dit-il d'une voix brève, vous me rendrez service en ne me parlant jamais de cela. faisons un tour, voulez-vous?

Xavier se leva aussitôt et prit le bras du mulâtre.

Ils traversèrent ainsi plusieurs salons en silence. Xavier était préoccupé, Carral semblait avoir à cœur d'entamer un sujet qu'il ne savait comment aborder. Enfin Xavier, emporté par une sorte d'idée fixe, répéta machinalement et sans le savoir :

— Deux cent cinquante mille francs !

— Hein? fit Carral étonné.

— Je n'ai jamais joué, dit brusquement Xavier en regardant son compagnon en face ni connu de joueurs : est-il vrai qu'on puisse gagner au jeu deux cent cinquante mille francs dans une soirée ?

L'œil brun et profondément cave du mulâtre eut un éclair dont il eut été malaisé de traduire l'expression.

— En dix minutes, très-cher, répondit-il.

— Deux cent cinquante mille francs!

— Le double... le triple... le décuple! dit Carral en appuyant sur chaque terme de cette fantastique progression.

— En vérité! murmura Xavier. On peut donc s'asseoir pauvre à une table de jeu et se relever?...

— Trois ou quatre fois millionnaire, acheva Carral. Cela se voit tous les jours.

— En vérité! répéta Xavier qui retomba dans sa rêverie.

Carral attacha sur lui un regard où il y avait à la fois une joyeuse surprise et du dépit. Un observateur aurait pu deviner que cette pente des idées de Xavier favorisait à souhait la secrète besogne du mulâtre, et que cette besogne n'était point de son goût.

— Le pauvre garçon a du malheur! pensa-t-il. Je voudrais être aussi certain de me venger de cette détestable femme que je suis sûr de le pousser dans le fossé... il fait la moitié du chemin!

Comme si Xavier eût voulu confirmer ce pronostic, il releva la tête et entraîna Carral vers la porte du salon.

— Allons jouer! dit-il avec une ardeur d'enfant.

— Jouer! répéta Carral qui prit aussitôt l'air prudent et discret d'un Mentor ; avez-vous perdu la tête, très-cher?

— Pourquoi cela? chacun n'est-il pas libre de jouer?

— A la rigueur, si fait : chacun est libre sans doute, mais...

— Mais quoi! s'écria Xavier avec impatience.

— A votre place, je né jouerais pas... *ici*, dit froidement Carral en accentuant avec force ce dernier mot.

Et comme Xavier l'interrogeait du regard, le mulâtre ajouta :

— Très-cher, vous étes plus candide qu'une jeune fille, n'avez-vous donc jamais entendu tonner contre les joueurs !

— Si, très-souvent, mais...

— Je sais ce que vous allez dire : Sautenac joue, n'est-ce pas ? lord Sturm aussi, le commandeur de Keramblas aussi, le gros Saint-Didier de même, c'est fort bien. Mais le vicomte de Sautenac attend une somme énorme sur le milliard de l'indemnité ; c'est connu ; Lord Sturm est Anglais ; s'il ne jouait pas, il mentirait à sa nationalité ; Saint-Didier, cette massive poupée doit à tout le monde, cela soutient son crédit. Enfin, le commandeur est Bas-Breton et mange ses landes : Le jeu est son droit. Quant à nous, quant à vous surtout, c'est bien différent... Que diable ! très-cher, faut-il donc vous mettre les points sur les i ? Quand on n'a pour soi qu'une bonne réputation, ce qui est un maigre domaine, il faut au moins savoir la garder, sous peine...

— Je vous comprends, interrompit Xavier en baissant la tête : les gens qu'on reçoit par condescendance n'ont qu'une faible portion des droits de cité parmi vous... Je ne viendrai plus à l'hôtel de Rumbrye.

— Vous vous trompez très-cher, répondit froidement Carral, vous reviendrez ; on passe sur bien des choses pour danser une ou deux contredanses avec... ne froncez pas le sourcil ; je me tais. Quant au jeu...

— Je ne veux plus jouer.

— Ah ! fit Carral avec quelque désappointement comme vous voudrez ! J'allais vous proposer un expédient.

Xavier ne répondit point.

Sa fantaisie passagère l'avait abandonné. Mais en ce moment, comme si le hasard eût pris à tâche de la faire revivre, M. Alfred Lefebvre des Vallées se dirigea vers les deux amis, appuyé sur le bras du commandeur de Keramblas.

Pour la vingtième fois peut-être il racontait le grand événement de la soirée.

— Croyez-moi, si vous voulez, Keramblas, disait-il, cet Imbert de Presme, vous savez, Imbert? que je sois décavé, s'il n'a pas gagné dix mille livres à lord Sydney Sturm!..

— Quel expédient alliez-vous me proposer, Carral? demanda Xavier en jouant l'indifférence.

— Vous ne voulez plus! répondit Carral.

— Non.., c'est vrai... cependant dites toujours.

— Pauvre garçon! murmura le mulâtre.

Il entraîna Xavier à l'écart et prit un air mystérieux.

— Je suis joueur, dit-il à voix basse; je ne vous l'ai jamais avoué : joueur, entendez-vous, Xavier? A cause de cela, je ne veux pas que vous deveniez joueur, car c'est une passion terrible et mortelle !

Il était impossible de se méprendre. Carral disait vrai. Tandis qu'il parlait du jeu, sa corde sensible vibrait violemment.

Il était éloquent, presque tragique.

— Mais vous jouerez une fois, reprit-il, une seule fois, j'y consens, parce que, la première fois qu'on joue, on gagne toujours... Ne m'interrompez pas, ne haussez pas les épaules; ce que je dis là est un fait : on gagne toujours... Écoutez ! ce ne sera point dans un salon que vous jouerez; cela vous perdrait. Ce ne sera même pas dans une maison publique ; on pourrait vous y voir, et l'on clabauderait. Je connais un cercle clandestin...

— Un tripot! fit Xavier avec dégoût.

— Qu'importe le mot? Il y a là quelquefois de hauts personnages, mais on est convenu de ne s'y point reconnaître. C'est le principal.

— Jamais je ne me déciderai... commençait Xavier.

Mais un éclat lointain de la voix de M. Alfred Lefebvre des Vallées lui apporta ces mots tentateurs :

— Du diable s'il n'a pas gagné dix mille livres!

— J'irai, dit Xavier, j'irai demain.

— Nous irons ensemble, répliqua le mulâtre en dissimulant un sourire de triomphe.

Les salons se vidaient lentement. Xavier et Carral se disposèrent à faire retraite. Au moment où ils quittaient le bal, M. de Rumbrye, se trouvant par hasard sur leur passage, donna la main à Xavier et dit :

— Nous partons cette semaine pour la campagne, afin de jouir des derniers beaux jours. J'espère, mon jeune ami, que nous aurons le plaisir de vous y voir.

Cette invitation presque fortuite devait jouer un grand rôle dans la destinée de Xavier.

Le jour commençait à poindre au dehors. Dans la rue, la file des équipages se déployait le long des maisons. Les chevaux impatients piaffaient ; les cochers, à moitié endormis, enfonçaient sur leurs oreilles les ailes de pigeon poudrées à blanc de leurs perruques.

L'hôtel de Rumbrye ne présentait plus l'aspect joyeux que nous avons essayé de décrire naguère. Le vaste édifice s'élevait maintenant noirâtre et sombre sur le fond blanchissant du firmament. Les lumières pâlissaient ; les hautes fenêtres ne jetaient plus, à travers leurs épais rideaux, que des reflets livides.

Les dames qui descendaient incessamment les marches du perron, enveloppées de leurs « sorties, » cachaient des visages fatigués et verdis par le jour naissant sous la soie de leurs capuchons.

Pour tout bruit, on entendait le piétinement des chevaux dans la boue, et la voix emphatique des laquais appelant les équipages. Carral et Xavier trouvèrent à grand'peine un fiacre qui les cahota jusqu'à la place Saint-Germain-des-Prés.

— Ainsi, nous irons demain? dit Carral en rentrant.

— Nous irons, répondit Xavier.

VII

LA RUE SERVANDONI

Le lendemain, quand nos deux amis s'éveillèrent, il était plus de midi. Carral sauta précipitamment hors de son lit, et commença aussitôt sa toilette.

Xavier se montra plus lent ; il avait dormi quelques heures d'un sommeil lourd et fatigant ; plus d'une fois ses rêves l'avaient reporté à l'hôtel de Rumbrye ; mais entre Hélène et lui, se plaçait toujours le fade visage de M. Alfred Lefebvre des Vallées, lequel ouvrait de temps en temps sa bouche meublée de belles grandes dents bien blanches pour laisser échapper ces prestigieuses paroles.

— Dix mille livres sterling!

Pourtant, quand il s'habilla, Xavier hésitait encore. L'idée d'aller dans un « tripot » lui causait un insurmontable dégoût.

D'un autre côté, ces mots prononcés la veille par Carral : « La première fois qu'on joue, on gagne toujours, » lui revenaient en mémoire et attisaient son caprice.

— Je n'irai qu'une seule fois! se disait-il, plaidant contre sa conscience la cause de sa fantaisie. Il faut bien tout connaître!

C'est un raisonnement qui se fait souvent, mais il n'est pas bon.

Quand Xavier entra dans la chambre de Carral, celui-ci était assis devant son secrétaire et écrivait.

— Je suis à vous, dit-il, comme s'il eût craint que Xavier ne s'approchât assez pour pouvoir lire par dessus son épaule ; je vous demande une minute.

Xavier rentra dans sa chambre à coucher. En deux traits de plume, Carral eut terminé sa lettre: il mit l'adresse, ouvrit la fenêtre et fit signe à l'Auvergnat du coin de s'approcher.

Le mendiant noir était à son poste, debout, immobile et appuyé sur son long bâton, auprès de la porte de l'église. Au bruit que fit la fenêtre en s'ouvrant, il leva son regard vers le balcon, mais il le détourna aussitôt avec indifférence en apercevant Carral.

— Porte ce billet à son adresse, dit ce dernier à l'Auvergnat qui s'était approché jusque sous la fenêtre.

L'Auvergnat saisit la lettre à la volée ; mais, au lieu de partir, il s'assit sur une des marches du perron.

— Que fais-tu là ? demanda Carral avec impatience.

Pour toute réponse, le naïf enfant des montagnes se prit à épeler tout haut les caractères de l'adresse.

— A monsieur le... monsieur le...

— Tais-toi! s'écria le mulâtre.

Le mendiant, jusqu'alors impassible, dressa l'oreille et écouta.

— Le com-mis-saire... continuait laborieusement l'Auvergnat.

Le balcon régnait sur l'étroite façade de la maison, et la fenêtre de Xavier, à demi-ouverte, laissait voir le jeune homme qui, debout devant une glace, mettait la dernière main à sa toilette.

Carral jeta de ce côté un regard inquiet.

— Tais-toi ! te dis-je, reprit-il d'une voix contenue ; tu liras l'adresse en chemin.

L'Auvergnat, plongé dans son travail, que nous ne saurions mieux comparer qu'au labeur de quelque archiviste paléographe dépouillant une charte mérovingienne, ne tint nul compte de cet ordre, et poursuivit :

— De... police... du... quartier...

— Misérable ! fit Carral hors de lui.

Xavier parut à sa fenêtre.

— A qui en avez-vous donc, ami ? demanda-t-il.

— Ce n'est rien... rien du tout ! balbutia Carral interdit.

— Saint... Sulpice, acheva tranquillement le commissionnaire.

Il se leva et ôta sa casquette.

— Ça suffit, bourgeois, dit-il, nous connaissons ça... Faudra-t-il une réponse?

— Non, répondit le mulâtre ; va !

L'Auvergnat tourna l'angle de l'église.

— A M. le commissaire de police du quartier Saint-Sulpice ! pensa le mendiant noir qui avait tout entendu. Que signifie cela?... Et il semblait craindre que M. Xavier pût entendre !... J'ai pourtant bien de l'ouvrage, mais je veillerai !

Dès que l'Auvergnat fut parti, Carral parut reprendre toute sa sérénité.

— Eh bien ! dit-il gaîment, allons-nous tenter la fortune?

— Pas aujourd'hui, répondit Xavier.

— Vous reculez, très-cher, ce n'est pas bien !

— Je ne sais... je ne puis me déterminer...

D'ailleurs, nous sommes aux premiers jours du mois; et je n'ai pas d'argent.

— A cela ne tienne! s'écria Carral, je vous en prêterai.

Comme il disait cela, son pied heurta un petit paquet sur la pierre du balcon.

— Et tenez! continua-t-il en le ramassant ; la fée bienfaisante qui préside à vos destinées, romanesque orphelin, a passé par là cette nuit, vous n'aurez pas besoin d'emprunter. Voici la mystérieuse offrande, et, cette fois, elle vient à propos!

Xavier défit le paquet, qui contenait vingt-cinq louis comme à l'ordinaire.

— Il paraît que le sort le veut, murmura-t-il ; eh bien, soit! partons!

Carral ne put retenir un mouvement de joie. Au moment où ils sortaient, le mendiant, suivant son habitude, tendit la main à Xavier, qui, dans sa préoccupation, le refusa et demanda à Carral.

— Où est-ce?

— Derrière Saint-Sulpice, rue Servandoni, répondit Carral.

Le mendiant avait baissé la tête avec tristesse.

— C'est la première fois qu'il me refuse! murmura-t-il; cet homme pervertira son cœur... mais j'y pense : derrière Saint-Sulpice, a-t-il dit... et cette lettre était pour le commissaire du quartier Saint-Sulpice! Je ne comprends pas, mais j'ai peur!

Sans réfléchir davantage, il s'élança sur les traces des deux amis.

Ceux-ci avaient de l'avance; le mendiant ne put les apercevoir qu'au moment où ils tournaient l'angle du marché Saint-Germain. Pour hâter sa marche, il prit à la main ses lourds souliers ferrés et redoubla de vitesse. Au moment où il débouchait dans la rue Servandoni, les deux amis entraient sous une porte basse et disparaissaient à ses regards.

Le mendiant continua néanmoins sa route et ne s'arrêta que devant la porte même qui avait donné passage à ceux qu'il suivait.

Cette porte s'ouvrait sur une étroite et tortueuse allée au bout de laquelle on apercevait un escalier tournant.

Au premier aspect, la maison semblait inhabitée. Les fenêtres de sa façade étaient fermées, et des jalousies dont les planchettes étaient tournées sens dessus dessous, c'est-à-dire inclinées vers l'intérieur, empêchaient le regard de pénétrer au-delà de leur verte barrière.

Il en était de même aux trois étages qui composaient la maison. Nul bruit ne s'échappait de l'intérieur. C'était comme un tombeau dans un cimetière, car la rue Servandoni est une des plus tristes de Paris.

Et pourtant peu de minutes se passaient sans qu'un ou plusieurs nouveaux arrivants s'engageassent dans l'allée. Avant d'entrer, la plupart jetaient à droite et à gauche leurs regards inquiets : on eût dit qu'ils avaient frayeur ou honte.

Le mendiant noir ne connaissait que bien imparfaitement notre civilisation, mais à cause de cela même, il se défiait. Ce qu'il avait vu, depuis son arrivée en France, en étonnant parfois sa naïve raison, l'avait jeté dans une vague appréhension des hommes, non pour lui-même, mais pour un être bien cher à qui sa vie était dévouée.

N'entrevoyant la société que de loin et d'en bas, il s'exagérait plutôt qu'il ne se dissimulait ses périlleux mystères.

Sans pouvoir se rendre compte du motif de sa crainte, il soupçonnait un danger derrière les silencieuses murailles de cette maison étrange. Autant pour reprendre haleine que pour faire le guet, il s'assit sur une borne et attendit.

Pendant ce temps une foule d'indices, insignifiants en apparence, vinrent augmenter son inquiétude.

Parfois les jalousies du plus haut étage se prenaient à remuer, et l'on entendait derrière tantôt un éclat de rire, tantôt le bruit d'un bouchon qui saute, tantôt le tintement de l'argent qu'on remue.

D'autres fois c'était un valet qui sortait et appelait un des fiacres stationnant au bout de la rue. A ce signal on voyait approcher non-seulement le fiacre, mais une nuée de mendiants qui abandonnaient, à bon escient sans doute, leur poste de la porte latérale de Saint-Sulpice, un des meilleurs *endroits* de Paris, au temps où la gueuserie n'était pas interdite.

Puis un homme sortait de la maison, la tête haute ou le front tristement courbé, le sourire ou le blasphème à la bouche, rouge de joie ou livide de désespoir. Dans le premier cas, la cohorte des gueux entourait le fiacre et demandait l'aumône comme on exige un tribut ; dans le second, elle se dispersait en haussant les épaules avec mépris.

— Que se passe-t-il là-bas ? pensait notre nègre.

Au bout d'une demi-heure environ, Carral se montra à la porte de l'allée. A la vue du mendiant noir, il fit un geste de dépit et sembla hésiter.

Mais, se remettant aussitôt, il franchit résolument le seuil et descendit la rue à grands pas. Xavier restait donc seul à l'intérieur.

Le noir s'agita sur sa borne ; la fièvre le gagnait.

Tout à coup, une idée lui traversa l'esprit et fixa son incertitude.

Les hommes qui sortaient, les uns désespérés, les autres fous de joie, l'argent remué, quelques paroles échappées aux pauvres de Saint-Sulpice, l'aspect de la maison, tout cela concordait : on devait jouer en ce lieu. Il était en face d'un tripot : ce qu'on appelle à Londres un *enfer*, et à Paris un coupe-gorge.

Mais pourquoi cette fuite de Carral ? pourquoi cette lettre mystérieuse adressée à la police ?...

Le mendiant quitta sa borne et traversa la rue.

— Un pauvre homme de ma sorte, murmura-t-il, ne peut guère se permettre un conseil, mais c'est égal, il faut que je vois l'enfant ; il faut que je lui parle !

Au moment où, après avoir hésité encore, il se préparait à franchir le seuil de l'allée, il s'arrêta parce que trois hommes en costume noir tournaient le coin de la rue et venaient vers lui. Il s'effaça pour les laisser passer.

Les trois hommes passèrent en effet ; mais, au lieu de monter, ils demeurèrent dans l'allée jusqu'à l'instant où la tête d'une escouade de sergents de ville parut à la hauteur de l'église.

Comme s'il n'eût attendu que cela, celui des trois hommes qui semblait le chef tira de sa poche une écharpe blanche, dont il ceignit ses reins par dessus son habit.

— Montons, dit-il.

Le mendiant se frappa le front.

— Je comprends ! je comprends ! s'écria-t-il avec angoisse. J'aurais dû deviner plus tôt !

La lettre !... l'autre l'a amené, puis il s'est esquivé, en le laissant pris au piége... et moi je ne puis le sauver maintenant !

Voici ce qui s'était passé depuis une heure à l'intérieur de la maison mystérieuse. Lorsque Xavier et Carral, après avoir monté l'escalier tournant, frappèrent au premier étage, un valet vint les recevoir et leur demanda ce qu'il y avait pour leur service.

Carral répondit en se faisant reconnaître.

Le valet ouvrit une seconde porte et introduisit les deux amis dans une vaste salle éclairée par des bougies, bien qu'on fût en plein jour.

Il y avait dans cette salle une grande table oblongue, entourée d'un triple rang de joueurs.

Au centre, un homme à visage morne et à tournure d'employé malheureux puisait dans un énorme tas de cartes et taillait ce qu'on appelait un « trente et quarante. »

A l'entrée de nos deux amis, personne ne tourna la tête, des deux côtés de la table.

Chacun était si absorbé par les chances diverses du jeu, qu'il eût fallu la chute du plafond ou le cri « au feu ! » pour faire diversion à la préoccupation générale.

Carral et Xavier eurent néanmoins à qui parler. Un monsieur, dont le corps étique et anguleux supportait une physionomie patibulaire, marcha vers eux et salua Carral d'un air de connaissance. C'était le maître de l'établissement.

—Comment va ! dit-il. Monsieur est des bons ?...

Il prononça cette dernière question à voix basse et cligna énergiquement de l'œil, pour désigner Xavier.

— Monsieur est mon ami, répondit le mulâtre.

— Enchanté de faire la connaissance de monsieur, reprit alors le maître en adresssant à Xavier un sourire d'intelligence qui manqua complétement son effet. Mon établissement est très-fort à votre service. Nous avons ici le trente et quarante ; dans la salle de droite l'écarté, dans celle de gauche la bouillotte... au second étage, nous avons la roulette, le whist et le brelan : c'est à choisir. Quant au troisième étage...

— Cela suffit, monsieur Moutet, interrompit Carral, nous ne monterons pas à votre buffet.

— Hé! hé! fit M. Moutet avec un sourire aimable, liberté complète ! ces messieurs sont ici chez eux !

Il tourna le dos et ajouta entre ses dents :

— Qu'ils laissent leur argent au premier, au second ou au troisième, c'est tout un ; ça ne sort pas de la maison.

Xavier, pendant cette conversation, se sentait mal à l'aise. Son regard, faisant le tour de la table, passait en revue les joueurs et ne pouvait rencontrer un visage tolérable. Tous ces gens qui ne se ressemblaient point avaient entre eux un air de famille : une repoussante et uniforme avidité.

Beaucoup parmi eux portaient des vêtements fort délabrés ; un linge douteux apparaissait entre les revers boutonnés de leurs « lévites » et pourtant ils remuaient l'or à pleines mains. Il y avait au contraire quelques endimanchés trop élégants qui ne semblaient point faits pour leurs habits tout battant neufs.

— Très-cher, dit Carral, nous ne sommes pas venus ici pour observer, vous savez. Ce n'est pas séduisant à voir, mais qu'importe?... Jouez-vous le whist?

— Non, répondit Xavier.

— Et l'écarté?

— Un peu.

— Ce n'est pas assez. Et la bouillotte?

— Encore moins.

— Alors il nous faudra choisir entre la roulette et le trente et quarante, lequel préférez-vous?

— Je ne connais ni l'un ni l'autre.

— Ceci n'est point un obstacle, très-cher. La roulette et le trente et quarante sont des jeux également estimables et inventés, tous les deux à l'usage des ignorants de votre espèce. Vous ne jouerez pas vous-même, le banquier se chargera de ce soin. Voyons, dites votre avis, suivez vos inspirations.

L'avis de Xavier était de se retirer sur-le-champ ; mais il n'osa reculer.

— Va pour la roulette ! dit-il.

Carral passa son bras sous le sien, et ils montèrent un étage. M. Moutet les avait précédés.

— Nous allons tâter « du macaron ? » dit-il ; j'a le plaisir de souhaiter bonne chance à ces messieurs.

Le salon du second était l'exacte reproduction de celui du premier ; seulement, au milieu de la table, couverte d'un tapis vert, autour de laquelle se pressaient les joueurs, il y avait une sorte de bassin rond dont les rebords se divisaient en petites cases alternativement rouges et noires. Ces cases portaient chacune un numéro.

Au centre du bassin, qui s'adaptait à un trou pratiqué dans la table, et restait mobile, une manivelle se dressait et servait à communiquer à l'appareil un mouvement de rotation. Tout autour du bassin le tapis de la table était couvert de chiffres encadrés tantôt rouges, tantôt noirs et progressant de 1 à 36.

— Voici la roulette, dit Carral. Jouons !

Il entraîna Xavier, et le poussa vers une place que venait de quitter un pauvre diable, ruiné par la fatale mécanique. Xavier s'assit et regarda.

D'abord il ne comprit rien. Les explications de Carral, qui se tenait debout derrière lui, ne servaient qu'à embrouiller ses idées. La manivelle tournait ; une petite bille, fort adroitement lancée par l'employé, dit « croupier, » tournait aussi en sens contraire, et côtoyait les rebords du bassin ; puis, quand elle était tombée dans quelque case, la voix du banquier s'élevait, somnolente, monotone, et disait en langage inconnu :

— *Rouge, impair et manque.*

Ou bien encore :

— *Noir, pair et passe.*

Puis l'un des croupiers assesseurs ramenait à lui, à l'aide d'un petit rateau très-mignon, l'argent des perdants, tandis qu'un autre lançait aux gagnants, avec une adresse sans égale, des pièces de cinq francs ou des louis d'or.

Au bout de dix minutes, Xavier surmonta la bonne honte qui le tenait et prit deux louis dans sa bourse.

— Où faut-il mettre cela? demanda-t-il à Carral.

— L'inspiration, très-cher, l'inspiration! répondit celui-ci avec emphase.

Xavier poussa au hasard sa mise, qui s'arrêta sur l'une des cases du tapis marquée du numéro 23.

— Le jeu est fait ! dit le banquier. Rien ne va plus.

Le bassin et la boule, lancés en sens contraire, se prirent à tourner avec une prestigieuse rapidité. Puis la boule oscilla : elle entra dans un casier, en ressortit, tomba dans un autre, dont elle sortit encore pour s'arrêter définitivement dans un troisième.

— Vingt-trois, rouge, impair et passe, prononça la voix automatique du banquier.

— Gagné ! dit Carral, voilà un coup de Cocagne ! Vous avez joué comme un fou ; mais c'est au mieux ! seulement, ne placez plus sur un seul numéro, c'est la loterie. Tentez la rouge ou la noire, pair ou non.

Le banquier jeta trente-six doubles louis sur la mise de Xavier. Celui-ci ne comprenait pas plus qu'auparavant, mais ce gain subit l'exalta. Il approcha son siége, mit ses deux coudes sur la table, et, pris par ce démon qui plane sans cesse au-dessus du tapis vert, il donna au jeu son âme tout entière.

Quand Carral le vit ainsi occupé, il s'esquiva doucement, et Xavier ne s'en aperçut même pas.

Il jouait avec passion, avec fureur. Enhardi par son inexpérience même, il tentait les chances les plus folles, et gagnait toujours. Il avait devant lui, au bout d'une heure, un monceau d'or et de billets.

Les autres joueurs le regardaient avec envie, et M. Moutet lorgnait son jeu comme une curiosité.

Les croupiers seuls, machines insensibles, qui servaient d'interprètes au hasard sans bénéficier ni souffrir de ses arrêts, continuaient de mener le jeu avec leur indifférence habituelle.

Xavier avait perdu la tête. Son visage était

écarlate. A mesure que son trésor s'augmentait, un délire lui montait au cerveau.

— Je joue tout cela d'un seul coup! s'écrie-t-il enfin, en poussant son gain devant lui.

Il y avait au moins 30,000 fr.

Le banquier interrogea de l'œil M. Moutet pour voir s'il fallait tenir. M. Moutet fit un signe affirmatif. Les autres joueurs retirèrent leurs mises, et chacun se pencha pour attendre le résultat de ce grand coup.

Le croupier mit en mouvement la roulette.

Mais, à ce moment, M. Moutet, dont le regard s'était tourné vers la porte, jeta un cri étouffé. Quelques-uns levèrent la tête et répétèrent le même cri. Un frémissement électrique parcourut la triple ligne des joueurs.

Xavier seul continua de suivre le mouvement de la roulette. Il ne voyait, il n'entendait rien.

Nous l'avons dit, il fallait un événement bien extraordinaire pour détourner ainsi l'attention des joueurs : la chute du plafond, par exemple... ou l'apparition néfaste d'un commissaire de police.

L'une de ces deux catastrophes était advenue : l'homme à l'habit noir et à l'écharpe blanche était debout sur le seuil.

M. Moutet, à la vue du magistrat, avait pris un visage contrit :

— Je suis ruiné! murmura-t-il d'une voix dolente.

Les joueurs firent un mouvement comme pour s'esquiver, mais le commissaire leur barra le passage.

En cet instant d'effroi et de silence général, la roulette, achevant sa dernière révolution, s'arrêta. La boule tomba dans une case.

— Gagné! gagné! s'écria Xavier hors de lui.

Puis, voyant que le banquier restait immobile, il ajouta :

— Eh bien ! qu'attendez-vous ? Payez !

Ces mots aggravaient, pour ainsi dire, le flagrant délit. Les assistants baissèrent la tête, et le commissaire de police s'avança.

VIII

PRIS AU PIÉGE

— Messieurs, dit le commissaire, je vous engage à être prudents. J'ai déjà rempli mon devoir au premier étage. La moindre résistance rendrait votre position encore plus fâcheuse. Il y a des sergents de ville à la porte.

Xavier, se retourna, stupéfait. Ce discours, auquel il ne comprenait rien, parce qu'il ignorait complétement que la loi eût quelque chose à reprendre dans sa conduite actuelle, ne lui paraissait point motiver la consternation générale.

— Pourquoi ne me paie-t-on pas? demanda-t-il une seconde fois en remuant machinalement son tas d'or.

— Les enjeux saisis sont la propriété du fisc. Ne touchez point à cela, monsieur, dit impérieusement le commissaire.

— Mais cela est à moi! commençait Xavier.

— Silence! dirent autour de lui plusieurs voix.

— Messieurs, reprit le commissaire, vous allez avoir la bonté de me donner vos noms et vos adresses, afin que M. le procureur du roi puisse vous faire appeler en temps et lieu.

— Le procureur du roi! répéta Xavier; pourquoi faire?...

— Silence! fit encore l'assemblée, qui avait ses raisons pour se montrer soumise.

M. Moutet, le maître de l'établissement, inscrivit le premier son nom sur le carnet du magistrat, ce qu'il ne fit point sans pousser un lamentable soupir. Puis vinrent à leur tour les autres joueurs. Ils paraphèrent tous de faux noms et de fausses adresses, car les habitués de pareils lieux n'ont aucun genre de scrupules, puis ils se retirèrent.

En ce moment seulement Xavier se souvint de Carral, et s'étonna de ne le point voir à ses côtés.

— Il sera sauvé, pensa-t-il ; tant mieux !

— A vous, monsieur, dit le commissaire en s'adressant à lui.

Xavier, déterminé par l'exemple général, consentit à donner son nom.

C'était peut-être la seule indication véritable que contînt la liste ; aussi le commissaire, qui était un observateur, en suspecta sur le champ l'authenticité.

— Xavier ! grommela-t-il ; on ne s'appelle pas Xavier !... N'avez-vous point d'autre nom que Xavier, Monsieur ?

Ce disant, il jeta un regard vers le maître de l'établissement, lequel cligna de l'œil.

— Monsieur, répondit sèchement le jeune homme, j'ignore ce qui peut résulter pour moi de tout ceci. Je me suis prêté à vos exigences, parce que votre écharpe m'indiquait assez l'emploi que vous exercez ; mais cette écharpe ne peut vous donner droit d'insolence ! Je vous ai contenté ; veuillez me livrer passage, s'il vous plaît.

— Traiter ainsi M. le commissaire de police ! murmura M. Moutet avec componction.

— Vous parlez haut, jeune homme, dit ce dernier. Vous avez tort... grand tort ! Je vous trouve ici dans une maison plus que suspecte, dans un tripot mal famé...

— Comme il déprécie mon établissement ! pensa M. Moutet.

— Je vous trouve seul auprès de la roulette, continua le commissaire ; le seul enjeu qui soit sur la table est à vous, de votre propre aveu ! Le cas est mauvais, et tout mauvais cas est niable. Pour échapper à de justes poursuites, vous me donnez un nom...

— Le mien, monsieur.

— C'est possible, à la rigueur, mais j'en doute, et usant des droits de ma charge, je vous invite à me suivre au parquet de monsieur le procureur du roi !

— Adjugé ! dit M. Moutet. Fin de la veine !

— Quant à vous, reprit le magistrat en se tournant vers ce dernier, tenez-vous prêt à comparaître au premier jour.

— La justice et moi nous nous connaissons, répondit M. Moutet avec modestie.

Xavier avait pâli au mot de procureur du roi. Sa fièvre était passée ; le repentir venait ; il commençait à craindre vaguement les suites de son imprudence mais, assez versé déjà dans l'étude du Code pour savoir que sa présence dans un lieu semblable ne pouvait par soi constituer un délit, il était loin de prévoir le coup funeste qui le menaçait.

Madame de Rumbrye elle, ne s'y était point trompée. Nous pourrons voir plus tard que la belle créole ne savait point frapper à demi. Elle avait voulu perdre le rival de son fils, c'est-à-dire le rendre incapable de lever le front désormais, le déshonorer et le flétrir.

Son plan avait été aussi adroitement que rapidement conçu. Jusqu'à présent il réussissait à souhait, et le pauvre Xavier n'était pas au bout de ses peines..

Le commissaire de police le fit descendre

l'escalier tournant, tandis que M. Moutet fermait boutique.

Depuis quelque temps, le mendiant, assis sur sa borne et attendant toujours voyait les joueurs sortir par escouades. Xavier seul ne paraissait pas.

Quand Xavier se montra enfin, honteux et croyant presque que sa mésaventure était écrite en gros caractères sur son visage, on le fit monter avec le commissaire et son secrétaire dans un fiacre qui prit aussitôt le chemin du Palais-de-Justice.

Le mendiant noir le suivit à la course.

— Arrêté ! se disait-il avec un étonnement plein de chagrin.

Et il torturait sa cervelle pour deviner quel motif avait porté le mulâtre à lui tendre ce piége, car il ne se méprenait point.

Il ne se rendait certes pas compte des suites

que pouvait avoir cette arrestation ; mais loin de le rassurer, son ignorance l'épouvantait. Une seule chose était claire pour lui en tout ceci c'était l'intervention de la police. Or, la police n'intervient que pour empêcher un crime ou punir son auteur.

Quelle que fût l'accusation portée contre Xavier, le mendiant noir le proclamait d'avance innocent dans son cœur, mais son jugement droit lui disait que c'était déjà une présomption très fâcheuse contre un jeune homme que sa présence dans une maison semblable.

En outre, Xavier était seul au monde, et le mendiant, malgré son peu de science de la vie, savait qu'on n'absout point aisément ceux que nul ne vient défendre.

A peine arrivé au parquet, Xavier fut introduit, ainsi que le commissaire, dans le cabinet d'un substitut. Le commissaire fit son rapport et sortit.

En 1817, où le monopole des jeux était publiquement affermé, les maisons non autorisées passaient plus encore qu'aujourd'hui, pour de très-dangereux repaires. L'œil de l'autorité était sans cesse ouvert sur elles : Celles qui parvenaient à se soustraire à cette inquisition recevaient le rebut du peuple des joueurs.

C'était donc une note détestable que d'arriver devant un magistrat avec cette circonstance aggravante d'avoir été arrêté dans un tripot.

Le rapport du commissaire accusait en outre Xavier d'avoir caché son nom véritable, et faisait mention de la somme énorme qui composait son enjeu.

Le substitut quitta son travail pour attacher sur le jeune homme un regard sévère et triste. Il était peut-être père.

— Monsieur dit-il, vous vous nommez Xavier ?

Celui-ci répondit affirmativement.

— Rien que Xavier ? reprit le magistrat.

— Rien que Xavier.

— Quelle est votre profession ?

— Je n'en ai point, balbutia le jeune homme, qui entrevit seulement alors l'abîme ouvert sous ses pas.

— Vous n'avez pas de profession ! répéta lentement le magistrat ; quels sont vos moyens d'existence ?

Depuis une seconde Xavier prévoyait cette question à laquelle il ne pouvait point répondre. Il l'entendit avec angoisse et se sentit perdre courage.

— Monsieur, dit-il pourtant avec effort, on n'adresse ces sortes de questions qu'aux criminels !

— Est-ce là votre réponse ? demanda froidement le chef du parquet.

— Au nom du ciel, monsieur, n'en exigez pas d'autre ! s'écria Xavier. Il est des choses qui, racontées, semblent des fables, et qui existent pourtant ; il est des réalités si bizarres...

— La justice peut tout vérifier, monsieur, fit observer le magistrat non sans emphase.

— Pourra-t-elle ce que je n'ai pu moi-même ?... je n'ose vous dire la vérité.

Le substitut consulta sa montre.

— Je n'ai que peu de temps, dit-il, et je vous parle ici dans votre intérêt. Vous êtes jeune.

— Écoutez-moi donc ! s'écria Xavier ; et Dieu veuille que vous puissiez me croire !

Il raconta brièvement la manière mystérieuse dont les arrérages de sa pension lui étaient payés chaque mois. Un sourire incrédule venait à la bouche du grave magistrat, à mesure qu'il écoutait cet étrange récit.

— Cela n'est pas tout-à-fait impossible, dit-il, enfin mais peu s'en faut.

— C'est la vérité, je vous le jure !...

— Quelqu'un pourrait-il attester ce fait ?

— Je ne l'ai dit qu'à un seul de mes amis.

— Vous le nommez ?

— Juan de Carral.

— C'est un nom étranger, dit le substitut. Quelle est sa profession ?

Xavier hésita un instant.

Il sentait que chacune de ses réponses portait en soi un cachet souverainement malheureux.

— Je n'en sais rien, monsieur, reprit-il enfin ; je ne le lui ai jamais demandé.

— Ah ! fit le magistrat, un seul homme possède votre confiance, et cet homme, vous ne le connaissez pas assez pour savoir... C'est difficile à croire, monsieur.

Il repoussa son fauteuil et se leva.

— Monsieur, dit-il avec froideur, mais sans dureté, tout ce que vous venez de dire peut être vrai, néanmoins je ne vous crois pas.

— Monsieur !...

— Veuillez faire silence. Vous recevez cinq cents francs tous les mois, c'est du moins ce que vous prétendez. La somme n'est pas sans importance, mais avec cinq cents francs monsieur, on n'en peut risquer d'un seul coup trente ou quarante mille sur une table de roulette..

— L'ai-je donc fait... s'écria Xavier pour qui les événements de la matinée étaient un rêve.

— Il y a présomption pour moi que vous en imposez ; or, la contravention dont vous vous êtes rendu coupable donnant à la justice le droit et le devoir d'éclairer votre vie, je me vois forcé de maintenir votre arrestation provisoire.

A ce moment, la porte du cabinet tourna lentement sur ses gonds, et le visage noir du mendiant, entouré par ses cheveux et sa barbe comme d'un cadre de neige, parut derrière le battant entr'ouvert. Ni le substitut, ni Xavier n'y prirent garde.

Le jeune homme avait baissé la tête. Ce dernier coup l'accablait.

— Monsieur, dit-il, je vous demande pitié ! je suis innocent ; c'était la première fois...

— C'est toujours la première fois, interrompit le magistrat. Vous serez interrogé dans les formes tout à l'heure.

— Mais monsieur, quel sera le terme de cette étrange captivité ? jusques à quand ?...

— Jusqu'à ce que la justice connaisse vos moyens d'existence, ou bien jusqu'à ce qu'une personne honorable se présente pour répondre de vous.

Le nom de M. de Rumbrye se pressa sur la lèvre de Xavier ; mais il eut honte et ne voulut point livrer son secret à la pitié d'un homme si fort au-dessus de lui selon le monde et par qui jusqu'alors il avait été traité presqu'en égal. C'était le père d'Hélène !

Ce nom, d'ailleurs, il n'aurait pas eu le temps de le prononcer.

A peine, en effet, le substitut du procureur du roi avait-il fermé la bouche, que le mendiant noir, ouvrant brusquement la porte, entra et se plaça debout devant lui.

— Comment vous a-t-on laissé pénétrer jusqu'ici ? qui êtes-vous ? que voulez-vous ? demanda le magistrat étonné et irrité.

Le nègre répondit aux trois questions selon leur ordre.

— Mes pieds nus ne font pas de bruit, dit-il ; personne ne m'a vu ; je suis le mendiant noir : je veux sauver cet enfant.

Xavier tournait vers lui un regard de doute et de surprise.

— J'ai tout entendu, reprit le noir en s'adressant au magistrat : Vous demandez quels sont ses moyens d'existence : je vais vous le dire ; vous voulez qu'un homme honorable réponde de lui, me voilà !

Ce disant, il redressa sa haute taille et croisa ses bras sur sa poitrine.

Il y avait sur son honnête visage une fierté digne et pleine de modestie.

Le substitut qui avait d'abord laissé errer sur ses lèvres un sourire, le regarda et reprit aussitôt sa gravité.

— Parlez, dit-il en se rasseyant, je vous prie de m'excuser et je vous écoute.

IX

SON MAITRE A MOI

Le mendiant noir se recueillit un instant et dit.

— L'enfant ne vous a pas trompé, il reçoit chaque mois vingt-cinq louis. C'est moi qui les jette sur son balcon.

— Vous, s'écria Xavier ; vous connaissez donc mes parents ?

— Nous causerons de cela quand nous serons

seuls, interrompit le noir, dont la voix prit une inflexion plus triste et presque caressante.

Puis il ajouta en s'adressant au magistrat :

— C'est moi qui lui donne chaque mois ces vingt-cinq louis.

— De quelle part ?

— De la mienne.

Le substitut fit un geste d'incrédulité. Le nègre continua de le regarder en face.

— De la mienne, répéta-t-il. Je tends la main depuis bien longtemps. On me connaît. Nul ne passe devant le mendiant noir sans ouvrir sa bourse. L'enfant lui-même m'a fait l'aumône bien souvent, car il a un cœur généreux... Si je voulais, je serais en état de lui donner le double.

— Mais pourquoi lui donnez-vous cela ?

— Pourquoi ! s'écria le noir, dont tous les

traits exprimèrent une profonde et naïve surprise ; vous me demandez pourquoi je lui donne cela ?... Je lui donne cela comme je lui donnerais tout. C'est pour lui, pour lui seul que j'ai tendu la main aux passants... c'est pour lui que je me suis fait mendiant !

Xavier était plus pâle qu'un mort. Il écoutait, haletant, chaque parole qui sortait de la bouche du nègre. Une pensée torturante l'obsédait, et cela se voyait.

Le substitut paraissait intrigué vivement, presque ému. Son visage qui voulait rester sévère exprimait une curiosité quelque peu attendrie.

— Je vous crois, brave homme, dit-il et je m'y connais : C'est une singulière histoire, voilà tout, mais pour un dévouement si rare et si complet, il faut un motif bien puissant...

— S'il avait fallu faire quelque chose de plus

difficile, répliqua le noir avec simplicité, je l'eusse fait.

— Vous aimez donc bien ce jeune homme?

Le mendiant jeta sur Xavier un regard d'inexprimable tendresse.

— Oh! oui, je l'aime! dit-il avec passion; et comment ne l'aimerais-je pas?...

Il s'arrêta et parut hésiter.

Le magistrat décidément impressionné, tendit l'oreille.

Xavier, lui, baissa les yeux comme si le mot qu'il allait entendre eût dû être pour lui un arrêt suprême.

— Je l'aime tout seul en ce monde, reprit le noir; je l'aime tant que j'ai voulu lui cacher un bienfait dont la source l'eût fait rougir : je l'aime tant, que je ne l'ai jamais appelé mon fils, moi qui suis son père !

— Son père, répéta le magistrat avec bonté.

Xavier tomba sans forces sur un fauteuil et se couvrit le visage de ses mains.

— Un nègre ! un mendiant ! mon père ! murmura-t-il ; Oh ! Hélène ! Hélène !

Le substitut tourna vers lui un regard presque indigné, car ils sont rares ceux qui jugent impartialement autrui.

Ce fut le mendiant lui-même qui excusa Xavier et qui dit doucement :

— Ne le condamnez pas ! c'est jeune, c'est fier. Ah ! je ne lui aurais pas appris tout cela sans nécessité... Mais il est bon, allez, il m'aimera...

— Je le souhaite, répondit le magistrat. Monsieur, ajouta-t-il en s'adressant à Xavier, vous êtes libre. Vous pouvez suivre votre père.

Le jeune homme resta comme écrasé sous ce mot. Ses yeux se voilèrent ; il vit passer Mlle de Rumbryé dans sa blanche parure de la veille ;

elle lui montrait au doigt ce vieillard qui mendiait au portail d'une église, et qui était son père ! Ce n'était plus un obstacle qui le séparait d'Hélène, c'était un infranchissable abîme !

Il se dirigea en chancelant vers la porte ; mais avant de passer le seuil il s'arrêta, joignit les mains avec force et les porta à son front.

— Mon père ! murmura-t-il, mon pauvre père !

Il s'élança et tomba en pleurant dans les bras ouverts du mendiant.

— Merci... Merci ! dit tout bas le vieillard.

Puis il entraîna son fils, et, l'œil rayonnant d'un indicible orgueil, il jeta ces mots au substitut qui faisait effort pour retenir une larme :

— Vous voyez bien que l'enfant a un cœur généreux !

Une demi-heure après, Xavier et le mendiant noir entraient dans la pauvre mansarde où ce dernier faisait son domicile. Le jeune homme était profondément triste.

Parfois, dans ces laborieux rêves, pleins de craintes folles et d'espérances exagérées où se plaisent les gens qui ne savent point le secret de leur naissance, parfois Xavier, sur des indices légers, avait pensé que le nègre pouvait connaître sa famille.

Parfois même, peut-être il avait frissonné à l'idée que cet homme dont le regard le suivait avec tendresse était... Ah! il n'avait jamais prononcé le mot père ! Et il repoussait alors cet extravagant soupçon ; il s'accusait de démence et riait lui-même des inconcevables écarts où se perdait sa rêverie.

Maintenant, ce n'était plus un soupçon, ce n'était plus même un doute. La réalité poignante était devant lui.

Certes, madame la marquise de Rumbrye

n'avait pu deviner cela. Son plan, si bien combiné, avait échoué par l'effet d'un de ces hasards qu'il n'est point possible de prévoir, mais combien cet échec était heureux pour elle et la rapprochait du but ! Comme elle se fût réjouie si elle eût pu monter les cinq étages de la maison de la rue Bourbon-le-Château, et coller son œil curieux à la serrure de la pauvre mansarde ! Xavier était là, libre, il est vrai, et à l'abri des honteuses entraves qu'elles avait suscitées, au devant de ses pas.

Mais lequel vaut mieux, quand on recherche en mariage une fille de noble race, d'être un homme sans aveu aux mains de la justice, ou le fils reconnu d'un nègre mendiant ?

Xavier ignorait le piége que la marquise lui avait tendu : il ignorait également l'intérêt qu'elle avait à le perdre ; mais toutes ses pensées étaient pour Hélène, et, maintenant qu'il connaissait sa naissance il n'espérait plus.

Néanmoins, son bon cœur réagissait et combattait ce désespoir. Il s'efforçait d'aimer cet homme dont le silencieux et patient dévouement avait gardé l'anonyme jusqu'à ce que la nécessité l'eût contraint à se révéler.

Il se sentait prendre d'admiration, de pitié et de tendresse pour ce pauvre père qui avait sacrifié les joies de l'amour paternel au bonheur de son fils.

En entrant dans la mansarde, il prit la main du mendiant et la serra sur sa poitrine.

— Mon premier mouvement, dit-il, a été l'ingratitude ; ma première parole une lâcheté. Me pardonnerez-vous, mon père?

— Chut! fit le mendiant avec une frayeur respectueuse ; chut, enfant! Ne m'appelle pas ton père, car ici, il nous entendrait!...

— Qui? demanda Xavier étonné.

— Lui, répondit le noir, lui!...

Son doigt étendu montrait le trophée suspendu auprès de la lucarne.

Xavier ne comprenait point.

— Lui! continua le mendiant tremblant d'émotion.

Et il ajouta, en essuyant une grosse larme qui roulait sur sa joue :

— Bon maître... bon maître à moi!

Un fougueux espoir fit bondir le cœur de Xavier.

— Expliquez-vous, dit-il, expliquez-vous, au nom de Dieu !

Le mendiant secoua lentement la tête et dit avec une simplicité emphatique, revenant involontairement à son patois nègre, comme cela lui arrivait toutes les fois que ses souvenirs le reportaient à des événements depuis bien longtemps passés.

— Pas danger! Petit maître n'est pas le fils à pauvre noir!

Xavier n'eut pas la force de répondre. Son regard seul, démesurément ouvert, et le battement précipité de ses tempes annonçaient le fiévreux besoin qu'il avait d'en savoir davantage.

Le noir leva la main une seconde fois, et montra de nouveau le chapeau d'uniforme et les épaulettes de capitaine qui pendaient auprès de la fenêtre.

Xavier comprit enfin.

Un éclair de joie illumina son œil. Il se précipita et se laissa tomber sur ses deux genoux au pied du trophée.

— Mon père! mon père! cria-t-il éperdument : Oh! mon père!

— Bon maître, à moi! répéta le nègre avec une mélancolique tendresse.

Il se fit un long silence. Xavier, tout entier à son égoïste joie, remerciait Dieu du fond de l'âme et songeait à Hélène.

En ce premier moment d'allégresse enthousiaste, il se voyait au comble de ses vœux. Les obstacles disparaissaient. N'avait-il pas un père, maintenant?

Le vieux noir s'était mis à genoux comme lui et près de lui. Ses yeux s'étaient fermés. Il semblait plongé dans un grave recueillement.

— Il était bon, dit-il enfin en donnant à sa voix un accent solennel ; il était généreux, il était brave ! Il est mort... mais je suis resté l'esclave de son souvenir.

— Il est mort ! répéta Xavier.

Puis, frappé d'une pensée subite, il se releva.

— Et ma mère? demanda-t-il.

— Je la cherche depuis vingt-deux ans, répondit le noir.

Le jeune homme courba tristement la tête.

— Mort... inconnue ! murmura-t-il. Au moins j'aurai la mémoire d'un père à chérir ; son nom sera mon héritage... Son nom ! vous ne m'avez pas dit son nom !

— Il se nommait le capitaine Lefebvre.

— Lefebvre, redit Xavier, comme pour graver ce nom dans sa mémoire.

— Petit maître, reprit le mendiant, ce nom-là serait maintenant celui d'un grand général si Dieu lui avait laissé la vie, car il est mort bien jeune et son cœur était fort.

— Parlez-moi de lui ! s'écria Xavier ; que je connaisse mon père ! Il vous aimait, n'est-ce pas ?...

En parlant ainsi, le jeune homme pressait les mains du mendiant dans les siennes.

— Il m'avait donné ma liberté, répondit ce dernier dont l'œil s'anima. Il avait confiance en moi... moi, j'étais à lui, je l'aimais... je l'aimais encore plus que je ne vous aime, petit maître!

Il baisa la main de Xavier avec passion.

— Écoutez, reprit-il doucement, il ne faut pas m'en vouloir si je vous ai laissé croire un instant que vous aviez pour père un mendiant. Cet homme qui rend la justice n'aurait point ajouté foi à mes paroles si je lui avais dit : « J'ai fait cela parce qu'il est le fils de mon maître qui est mort...

— C'est vrai, interrompit Xavier. Votre dévouement dépasse toute croyance. Oh! je ne suis pas ingrat, mon brave ami!

— Vous êtes son fils! dit le noir avec tout son cœur. Point de reconnaissance! Il avait ordonné ; j'ai obéi.

Il prit le jeune homme par la main et l'assit sur le pied du grabat, tandis que lui s'accroupissait à terre sur un débris de natte.

— Ne parlez plus! reprit-il en passant sa main sur son front comme pour recueillir ses souvenirs ; je vais vous dire son histoire et la vôtre.

Xavier prêta l'oreille attentivement. Le mendiant continua de sa voix lente et grave :

— Il y a de cela vingt-quatre ans. Nous reçumes à la Guadeloupe la nouvelle que les noirs de Saint-Domingue s'insurgeaient contre les colons. Cette nouvelle, deux ans auparavant aurait fait bondir mon cœur d'orgueil et de joie ; mais depuis deux ans je connaissais bon maître ; depuis un an il m'avait fait libre et je lui avais donné mon âme.

« Un jour il s'embarqua sur un navire faisant voile pour Saint-Domingue, et je le suivis. On lui assigna pour poste la ville du Cap.

« C'était un soldat, intrépide, il savait que les noirs, indépendamment de leur penchant à la révolte, recevaient l'impulsion d'une volonté perfide et étrangère, et il entreprit de combattre les prêcheurs anglais.

« Tous les matins, il partait avec moi. Nous allions dans les camps de la plaine, parfois nous montions jusqu'aux cases isolées de la montagne. Il parlait : je traduisais ses discours à mes frères.

« Quand la révolte fut générale, il cessa de parler pour agir.

« Chaque matin nous quittions encore la ville, seuls et armés jusqu'aux dents. Si bien cachée que fût une embuscade, nous savions la découvrir, parce que je mettais la sagacité de ma race au service de sa volonté. Quand j'étais seul, le soir, je demandais pardon aux dieux de mes pères, mais comme il était chrétien, je voulus son Dieu, et je fus chrétien.

« Bien des fois nous fûmes surpris et attaqués. Il avait le courage d'un lion. Ses ennemis tombaient autour de lui comme les lianes des forêts vierges sous la hache du pionnier.

« Moi, je ne frappais jamais ; il avait eu pitié et ne me l'avait point ordonné. Seulement, lorsqu'une pique ou une flèche prenait la direction de son cœur, je présentais ma poitrine... »

Ici le nègre écarta les haillons qui couvraient son sein, et montra sa poitrine diaprée de larges cicatrices ; puis il reprit :

— Quand, après cela, les troupes sortaient du Cap, elles marchaient à coup sûr. Bon maître connaissait la position exacte des pauvres noirs. Il revenait vainqueur, toujours.

« Une fois, au retour d'une de ces courses, nous étions harassés de fatigue. Au lieu de se reposer, pourtant, bon maître fit sa toilette et se prépara à sortir. Je voulus le suivre. Il m'ordonna de rester. C'était la première fois. Je restai.

« Depuis ce moment, chaque soir, il sortit ainsi sans me permettre de l'accompagner. Tantôt il revenait bien triste ; tantôt il était si joyeux que son allégresse ressemblait à de l'extravagance.

« Alors, je me souvins que j'avais été ainsi, au temps où jeune guerrier, je suivais les pas capricieux de ma fiancée, dans les sentiers du pays de mes pères.

« Il aimait ; je le devinai ; j'eus peur...

« Et pourtant je ne cherchai point à connaître le nom de la femme qui s'était emparée de son cœur. S'il me défendait de le suivre, c'est qu'il voulait avoir un secret pour moi : il fallait que sa volonté fût faite.

« Je guettais son retour ; je ne dormais pas afin de l'attendre ; et quand il dépassait l'instant où il avait coutume de revenir, je tournais dans ma case comme une bête fauve. J'aurais donné ma vie pour courir à sa rencontre, pour veiller sur lui ; mais je ne sortais pas, parce qu'il m'avait dit de rester.

« Il l'aimait bien, cette femme ! Il l'avait épousée à mon insu. Il pensait à elle sans cesse. Moi, je priais Dieu de faire en sorte qu'elle lui donnât tout son cœur pour qu'il fût heureux.

« Je sentais qu'elle pouvait le frapper d'un coup que ma poitrine ne saurait point parer. Mes pressentiments étaient bien fondés : elle ne l'aimait pas, elle allait le lui prouver cruellement, mais il était sans crainte ni défiance : il avait foi en elle.

« En ce temps, petit maître, vous étiez né. Cette femme dont je parle est votre mère. J'ignorais votre naissance.

« Je ne devais la connaître que plus tard, dans un moment dont le souvenir restera là, (il montrait son cœur,) comme un poids cruel, jusqu'à ce que ces vieux membres soient un peu de poussière dans le fond d'un tombeau. »

X

LE TROU D'UNE BALLE

« Nous partîmes un soir du Cap avec tout le détachement, continua le mendiant noir. Les nègres s'étaient montrés en nombre du côté de la Grande-Rivière. Nous devions être plusieurs jours en campagne.

« Bon maître, ce soir-là, était plus joyeux que de coutume; il allait d'un pas rapide et léger, en chantonnant quelque gai refrain de

France. Comme toujours, je marchais à ses côtés. Il me tendit sa gourde d'eau-de-vie, et me dit de boire.

« — Neptune, dit-il ensuite, si j'avais une femme et un enfant, les aimerais-tu bien ?

« Je ne sus point répondre à une question pareille, et je mis seulement ma main sur mon cœur.

« — Tu les aimerais, reprit-il, comme tu m'aimes, n'est-ce pas, Neptune ? Elle n'aurait pas besoin de t'appeler, tu épierais son geste pour obéir plus vite. Tu l'admirerais, elle est si belle ! Quand il sourirait, tu le prendrais dans tes bras forts, tu le bercerais... Il est si frais et si joli !

« Moi, je bondissais de plaisir à ce tableau.

« — J'ai une femme et un enfant, Neptune, continua-t-il ; à notre retour tu les connaîtras.

« Nous passâmes la nuit dans un camp de noirs abandonné. Le lendemain, au moment où nous allions nous remettre en marche, un courrier arriva de la ville. Il était porteur d'une lettre adressée au capitaine Lefebvre.

« Bon maître reconnut sans doute une écriture aimée, car sa main tremblait d'émotion tandis qu'il rompait le cachet. Il lut : tout-à-coup son front pâlit. Il relut une seconde fois. La lettre s'échappa de ses mains et tomba à terre.

« Il ne la ramassa point et rentra dans sa case en chancelant comme un homme ivre.

« Je savais lire, car bon maître m'avait appris une partie de ce qu'on enseigne aux blancs, mais je refermai la lettre sans même y jeter un coup-d'œil, et je la mis dans mon sein. Je serais mort plutôt que de lui voler son secret.

« Quand j'entrai dans la case il avait sa tête

entre ses deux mains, et sanglotait. Je m'assis dans un coin. J'avais tout son chagrin dans mon cœur.

« — Neptune, me dit-il, je veux mourir.

« Deux larmes me brûlèrent la joue, mais je répondis :

« — C'est bien, maître,

« — Je n'ai plus de femme, reprit-il : j'ai perdu mon bonheur et mon espoir. Je suis seul... elle ne m'aimait pas.

« Il fouilla dans ses poches pour retrouver la lettre. Je la lui présentai silencieusement. Il la saisit avec avidité, comme s'il eût espéré y lire d'autres caractères. Quand il l'eut parcourue de nouveau, sa tête retomba pesamment sur sa poitrine.

« — Donne-moi mes pistolets, me dit-il d'une voix basse et brisée.

« Mes jambes étaient de plomb. Je me levai

pourtant et lui tendis ses armes en détournant la tête. J'entendis jouer la batterie.

« En ce moment le ciel m'inspira.

« — Bon maître a-t-il aussi perdu le souvenir de son Dieu ? Et Dieu ne lui parle-t-il pas de son enfant ?

« Il jeta ses pistolets loin de lui.... »

— Pauvre père ! dit Xavier ; comme il m'aurait aimé !... Mais que contenait donc cette lettre fatale ?

— Je l'ai lue, répondit le mendiant, mais je ne l'ai pas entièrement comprise.

Il se releva, ouvrit son coffre, et choisissant une lettre dans le portefeuille, dont la plaque portait le nom de Lefebvre, il la présenta à Xavier. C'était la lettre écrite par Florence-Angèle à son mari au moment où elle quittait Saint-Domingue. Nous l'avons déjà mise sous les yeux du lecteur.

— Quel cynisme ! murmura Xavier, et quelle sécheresse de cœur ! Oh ! mon pauvre père dut bien souffrir !... et c'est là ma mère !

— Bon maître souffrit en effet, reprit le nègre. Les derniers jours de sa vie furent remplis d'amers et cruels regrets. Ce n'était plus le même homme. Moi qui l'avais vu si ardent, si fougueux soldat, je ne le reconnaissais plus. Son front s'était penché vers la terre. Jour et nuit il pensait à elle.

« Enfin, le ciel eut pitié de lui.

« C'était sur les bords de la Grande-Rivière. Les noirs insurgés vinrent au devant de nous, on disait que Toussaint se trouvait parmi eux. Les blancs étaient cinq cents ; les noirs étaient dix mille. Bon maître, à ce coup, sembla retrouver une sombre énergie.

« Il fit battre la charge et se précipita le premier.

« Ce fut un affreux combat, et un combat héroïque, car mes frères sont braves eux aussi ! Depuis le matin jusqu'au coucher du soleil ils restèrent sur le champ de bataille, se ruant sur les soldats, arrachant les fusils de leurs mains, ou étouffant leurs adversaires entre leurs bras nerveux. Souvent ils réussirent à culbuter les lignes régulières et serrées des Français, mais alors bon maître s'élançait.

« Chaque fois qu'il s'élançait, les noirs épouvantés fuyaient : on l'eût pris pour cette divinité de la guerre que nos pères représentent combattant avec une gigantesque massue, et portant partout devant soi la mort et la terreur...

« Mes frères furent vaincus.

« Leurs cadavres jonchaient la rive du fleuve. Ils se jetèrent à la nage ou disparurent parmi les lianes qui s'attachent aux troncs sveltes des hauts lataniers.

« Bon maître ne voulut point qu'on les poursuivît ; mais au moment où il ordonnait la clémence, un dernier coup de fusil retentit derrière la lisière d'une plantation de caféiers, et bon maître, frappé d'une balle en pleine poitrine, tomba à la renverse. »

Le mendiant s'arrêta, brisé par ce souvenir. Xavier, la tête penchée, les mains jointes, attendait et gardait le silence.

— J'arrachai le sabre d'un soldat, reprit le noir, et je me précipitai.

« Je n'avais jamais frappé jusque-là, mais quand je revins près de bon maître. Le sabre dégouttait de sang.

« En me voyant, il fit signe à ceux qui l'entouraient de s'éloigner. Comme ils hésitaient, il dit :

« — Ma blessure est mortelle, je le sais. Laissez-moi seul avec Neptune.

« Je m'approchai aussitôt.

« — Neptune, me dit-il d'une voix affaiblie déjà, je te lègue mon fils ; tu seras son père. Tu chercheras cette femme qui est sa mère, entends-tu ? tu la chercheras jusqu'à ce que tu la trouves. Il faut que mon fils, à défaut de parents, ait la fortune, et cette femme est riche. M'obéiras-tu ?

« — Oui, maître, répondis-je.

« — Tu donneras ta vie à l'enfant ?

« — Oui, maître.

« — Et tu chercheras sa mère ?

« — Je la trouverai, maître. Dites-moi son nom ?

« Il voulut parler ; ses forces l'abandonnèrent. Pourtant il put me dire encore l'endroit où vous étiez. Quant au nom de votre mère, il ne put le prononcer et rendit le dernier soupir en me tendant un papier qu'il avait sorti de son sein. »

Le nègre se tut et ouvrit de nouveau le coffre, d'où il tira un second papier.

— Ce papier qu'il me donna, poursuivit-il, le voici. C'était votre acte de naissance, petit maître.

Xavier, sous le coup de ce triste récit, fut quelque temps avant de prendre la parole ; mais il avait ignoré sa naissance pendant vingt années. La curiosité fut plus forte que la douleur.

— Mon acte de naissance ! répéta-t-il en avançant la main. Vous disiez pourtant que vous ne saviez point le nom de ma mère.

— Je disais vrai, répondit le mendiant.

Il déploya le papier, au centre duquel se trouvait un trou rond de la largeur d'une pièce de vingt francs.

— Bon maître portait cet acte sur sa poitrine, reprit-il en montrant le trou : c'est par là qu'est passée la balle qui l'a tué. En passant, elle a enlevé le nom de votre mère...

Xavier saisit vivement le papier. Le trou de la balle suivait, en effet, immédiatement ces mots : Florence-Angèle... Il n'y avait plus de nom de famille.

Xavier tourna et retourna l'acte de naissance dans tous les sens.

— Rien ! dit-il enfin : pas un seul indice !... mais qu'importe, après tout ? Je renonce de bon cœur à la fortune de cette femme !

— Et la volonté de votre père ! s'écria le mendiant.

— Cette volonté était une sorte de dernier bienfait, j'y puis renoncer.

— Y renoncer, petit maître ! dit le nègre avec effroi. Mettre en oubli sa volonté ! mépriser son dernier commandement ! Oh ! ne l'espérez pas ! tant qu'il y aura dans mes veines une

goutte de sang, j'obéirai, moi, entendez-vous?..,
Il a parlé, j'agis — comme autrefois, comme
toujours ! Ses ordres sont des lois, qu'il ne faut
ni enfreindre, ni discuter. Ne vous l'ai-je pas
dit? je suis esclave encore, esclave d'un souvenir !

Tandis qu'il parlait ainsi, sa haute taille
s'était redressée ; son œil brillait ; tous ses traits
exprimaient une vigoureuse et indomptable
détermination.

Xavier mesurait avec admiration ce dévouement sans bornes. Il ne voulut point froisser
l'homme qui était son bienfaiteur.

— Nous la chercherons, puisque vous le voulez, dit-il ; mais vous avez dû chercher déjà, et
depuis vingt-deux ans, s'il eût été possible de
découvrir cette femme, vous l'auriez trouvée.

— J'ai fait ce que j'ai pu, répondit le noir ;
cela ne me dispense pas de travailler encore. Je

lui ai dit : *Je la trouverai* ! il faut mourir à la tâche !...

« Après la mort de bon maître, je commençai sur le champ l'œuvre qu'il m'avait confiée. Les blancs avaient partout le dessous, et l'embarquement général fut ordonné. Ce fut un grand malheur pour moi, car, à Saint-Domingue, j'aurais pu m'informer, chercher, découvrir peut-être. Au lieu de cela, je n'eus que le temps d'aller vous prendre au lieu où vous avait déposé votre père, et de m'embarquer avec vous ; nous touchâmes quelques mois après la terre de France.

« J'avais lieu de croire que votre mère nous y avait précédés. Nous vécûmes pendant deux ans, vous et moi d'une petite somme que j'avais prise avant de partir, au logis de votre père.

« Pendant ces deux ans je cherchai sans relâche.

« Il n'est pas un hôtel que je n'aie visité dans Paris. A défaut de nom de famille, j'avais le nom de femme de votre mère ; je demandais madame Lefebvre ; j'en vis plusieurs : ce n'était point ce que je cherchais.

« Le soir, je revenais à notre pauvre logis, je vous berçais, petit maître, je vous endormais en chantant une chanson d'Afrique ou des Antilles.

« Un homme savant à qui je m'adressai, écrivit pour moi à Saint-Domingue ; mais les noirs étaient là maintenant maîtres suprêmes.

« Ils avaient détruit tous les registres et papiers de la colonie. Je fus obligé de payer l'homme pour ses conseils, et je n'en retirai rien. La misère vint. J'essayai de travailler, mais le travail d'Europe ne ressemble pas à celui des colonies. On me prit en apprentissage. Avant que je fusse devenu assez habile pour gagner de l'argent, vous eûtes faim, petit maître, et je me fis mendiant... »

Xavier serra silencieusement la main du noir.

— La première fois que je tendis la main, reprit celui-ci, mon cœur se souleva et mes yeux se fermèrent. Je fus tenté de fuir pour cacher ce que j'appelais ma honte, mais je pensai à vous qui pleuriez dans ma pauvre demeure. Je pensai à mon maître et je priai Dieu. Le courage me vint. J'eus honte encore, mais ce fut d'avoir hésité.

« On me donna peu d'abord, puis davantage, puis beaucoup : les mendiants ont leur achalandage. Bientôt j'obtins une faveur marquée ; j'étais beau noir, on me regardait, on s'étonnait de ne point m'entendre solliciter l'aumône. Ce qu'on refusait aux plaintes des autres malheureux, on l'accordait à mon silence. Graduellement, mes concurrents s'éloignèrent ; je restai seul maître du perron de Saint-Germain-des-Prés.

« Vous grandissiez.

« A l'âge de cinq ans je vous confiai à des mains étrangères : j'avais mon plan ; je savais que vous auriez le cœur fier de votre père ; il ne fallait point plus tard que vous ne connussiez la source misérable qui alimentait votre existence.

« A douze ans je vous mis au collége. Vous souvenez-vous, petit maître, de cet homme qui venait le soir chez la bonne femme que vous appeliez votre mère?

« Cet homme, quand il faisait nuit, s'approchait de votre berceau, et vous mettait un baiser au front...

— C'était vous ? interrompit Xavier avec émotion.

« — C'était moi. Plus tard, au collége, je suivais de loin vos promenades ; caché derrière quelque buisson, je contemplais vos jeux... J'ai toujours été près de vous, petit maître !

« Plus tard encore, quand vous sortîtes du collége, une ruse innocente et dont le succès me rendit bien heureux, vous fit choisir pour demeure l'hôtel où vous habitez et la chambre dont le balcon donne sur mon parvis. Alors je ne vous quittai plus. Je vous vis chaque jour, à chaque heure pour ainsi dire. Je devinai votre vie, vos petits chagrins, vos espoirs... »

— Quoi ! s'écria Xavier, vous sauriez ?...

— Elle est bien belle ! répondit en souriant le noir. Il y a longtemps que je l'aime, la douce enfant. Puisse Dieu vous faire heureux, petit maître, de tout le bonheur que méritait votre père !

Xavier secoua la tête, en silence, puis il demanda pour détourner l'entretien.

— Mais pourquoi m'avoir si longtemps privé du nom de mon père !

— Votre mère vous avait abandonné, répondit le noir. Il faut un sentiment bien fort pour porter une mère à fuir son enfant. Je pensai que si elle découvrait votre existence à Paris, elle redoublerait de précautions et se cacherait davantage. Or, il faut que je la trouve, puisque bon maître l'a ordonné. Sans l'événement fortuit qui nous a rapprochés et dont je n'ai pas la force de me plaindre, car il me procure les seuls instants de joie que j'aie connus depuis bien des années, sans cet événement je n'aurais rien dit... Je ne sais même si, la semaine dernière, j'aurais parlé pour vous sauver, petit maître !

Xavier fit un geste d'étonnement

— Je suis toujours à *lui*, dit le mendiant, répondant à ce geste ; je mets sa volonté avant la vôtre, avant tout ! Mais, depuis avant-hier, il est arrivé un changement. J'ai découvert...

— Qu'avez-vous découvert ? demanda vivement le jeune homme.

— Je suis sur la piste, petit maître.

Le noir tira de son sein un fin mouchoir brodé qu'il mit sous les yeux de Xavier.

— F. A. ! s'écria-t-il en lui montrant le chiffre.

— F. A ?... répéta Xavier sans comprendre.

— Florence-Angèle ! dit le mendiant avec un naïf triomphe.

— Hélas ! mon brave Neptune, il y a peut-être dans Paris dix mille chiffres pareils !...

— Oui, mais il n'y a qu'un visage qui puisse ressembler au vôtre autant que celui de cette femme.

— Elle me ressemble ! La connaissez-vous ? Où demeure-t-elle ?

Ces pressantes questions firent tomber tout-à-coup la joie du nègre.

— Je ne la connais pas, murmura-t-il, et je ne sais où elle demeure.

— Alors, mon pauvre ami... commença Xavier.

— Mais je l'ai vue ! interrompit le noir retrouvant son enthousiasme. Je la reconnaîtrais entre mille ! je reconnaîtrais sa taille par derrière... Je la retrouverai, petit maître, je la retrouverai !

Pendant que cette scène se passait dans la pauvre mansarde de Neptune, Carral était debout devant une chaise longue où s'asseyait Mme la marquise, dans un petit salon de l'hôtel de Rumbrye.

C'était un élégant boudoir. Une seule fenêtre à glace laissait pénétrer le jour à travers de soyeux rideaux que doublaient de fines et blanches draperies.

Des tableaux de maître cachaient presque les lambris, où couraient autour des panneaux des guirlandes de fleurs tropicales. La fenêtre donnait sur un vaste jardin.

Un entier silence régnait dans cette suave retraite, où le bruit des pas lui-même se perdait, étouffé par l'épaisseur des tapis.

Madame de Rumbrye se reposait indolemment sur sa chaise longue à la créole. Malgré le demi-jour favorable qui éclairait le boudoir on découvrait, une fatigue sur son visage. Le cercle qui entourait son œil s'était creusé. Elle paraissait presque son âge.

De ce malheur il fallait accuser en partie le bal de la veille, en partie l'affreuse humeur où était ce jour-là madame la marquise.

— Tu l'as vu ? dit-elle tout-à-coup, en levant

son regard sur Carral et en le tutoyant brutalement.

— De mes yeux vu, répondit le mulâtre. Il faut que le diable s'en soit mêlé ! Tout allait bien jusque-là, j'avais exécuté vos ordres de point en point, le commissaire avait fait son office. Pour comble de bonheur, un incident dont je n'ai point le secret avait dû aggraver son affaire, puisque seul de tous les joueurs surpris rue Servandoni, on l'avait conduit sur-le-champ au parquet du procureur du roi. Je croyais la chose enlevée, et je rôdais autour du Palais pour connaître plus vite le dénouement et venir vous l'apprendre, lorsque je l'ai vu sortir avec un maudit nègre qui stationne d'ordinaire sous mes fenêtres, à Saint-Germain-des-Prés...

— Un mendiant ? demanda la marquise.

— Un mendiant, oui.

— Que peut-il exister entre eux de commun ?

— L'enfer le sait ! Je l'ai vu sortir, libre. Il nous échappe !

— Tu es un traître ou un maladroit, Jonquille ! dit madame de Rumbrye avec colère.

Le mulâtre se mordit la lèvre et ne répondit pas.

XI

L'INVITATION

— Il faut pourtant que mon fils ait cette fortune, reprit la marquise à voix basse, et comme en se parlant à elle-même. Il le faut ! Je le veux...

— Monsieur de Carral, ajouta-t-elle avec un sourire sournois, on dit que vous tirez l'épée comme Saint-George, votre confrère?

— J'ai quinze ans de salle, répondit le mulâtre en se rengorgeant, malgré son humiliation.

— On dit encore que vous n'avez point votre pareil un pistolet à la main.

— Je fais mouche à trente pas, madame !

— Ce doit être charmant ! Qu'appelez-vous faire mouche, monsieur de Carral ?

Ceci fut dit avec moins de raideur.

— C'est, répartit le mulâtre, mettre une seconde balle dans le trou qu'a fait la première.

— Mais voilà qui est merveilleux ! dit la marquise en se soulevant doucement. Alors, monsieur de Carral, vous devez être un homme terrible sur le terrain ?

Le mulâtre réfléchit un instant.

Il jeta sur madame de Rumbrye un regard cauteleux et plein de haine.

Puis ce regard, rapide comme la pensée, fut

remplacé par son expression habituelle d'obséquieuse obéissance.

— Vous avez un homme à tuer? dit-il.

La marquise tressaillit d'abord devant la nudité de cette question ; mais, au lieu de se récrier, elle regarda le mulâtre en face.

— Si vous faisiez cela, murmura-t-elle, je vous tiendrais quitte à tout jamais !

— Si je faisais... quoi? demanda Carral, qui feignit de ne la point comprendre.

— Il faut qu'Alfred soit le mari d'Hélène de Rumbrye, dit la marquise avec une froide résolution. Cet homme est sur notre chemin...

— Au plein milieu, répartit le mulâtre, c'est vrai.

Madame de Rumbrye frappa du pied contre le tapis.

— Vous savez manier l'épée et le pistolet,

poursuivit-elle. Je suis sûre que vous me comprenez.

— Je vous comprends, dit Carral.

— Enfin !...

— Vous pensez à un duel ?... madame, je ne me bats jamais : je suis lâche.

— Misérable cœur d'esclave ! murmura la marquise.

Carral poursuivit sans s'émouvoir :

— On peut tuer sans se battre... Que vous importent les moyens, si le résultat est le même ?

Madame de Rumbrye baissa la tête et parut hésiter. Pendant cela, l'œil du mulâtre la couvait d'un regard furtif et rancuneux.

Si elle eût pu voir ce regard, elle n'aurait point hésité, car elle aurait deviné un piége.

— Il est bien jeune ! dit-elle enfin. Si on pouvait l'écarter autrement ?...

— Cela vaudrait mieux, madame, je ne dis pas non.

— Et pourtant reprit-elle encore, ce moyen mettrait fin d'un seul coup à nos embarras !

— D'un seul coup, madame.

Le sang-froid glacial du mulâtre était si extraordinaire en un pareil moment, que madame de Rumbrye se prit à le regarder avec inquiétude. Mais Carral avait eu le temps de composer son visage ; elle n'y découvrit qu'une respectueuse et passive soumission.

— Eh bien ! dit-elle d'une voix plus basse et en se rapprochant de son confident, comment faire ?...

— Etes-vous bien résolue?

— Mais... je n'ai pas le choix.

— Ecoutez-moi donc.

Le mulâtre s'assit d'un air déterminé ce qu'il ne faisait jamais en présence de la marquise.

La seule pensée d'un crime commun les mettait au même niveau.

— Demain, dit-il vous partez pour le château de Rumbrye. M. le marquis, en ma présence, a invité Xavier à venir lui rendre visite. Ecrivez-lui de votre côté...

— Non ! non ! s'écria vivement la marquise. Cette lettre pourrait...

— Vous avez raison. Il ne faut point vous compromettre ! je me charge d'écrire. Seulement, vous préviendrez M. de Rumbrye que vous m'avez invité.

— Soit.

— Le reste me regarde. A demain, bonne maîtresse ! nous nous reverrons au château de Rumbrye.

Le mulâtre sortit.

Dès qu'il fut dans la rue, un rire convulsif

souleva sa poitrine. Il se prit à gesticuler, les passants le prenaient pour un fou. Il disait :

— Je la hais ! Je la hais ! ah ! Je la hais ! c'en est trop aussi ! Pour me venger d'elle, je ferai tout... tout ! J'irai jusqu'à tuer, s'il le faut ! mais je serai son maître à mon tour : son maître après avoir été son esclave ! et alors... oh ! je lui broierai le cœur !

Il entra dans un café, où il écrivit rapidement quelques mots. Ensuite il plia son billet, l'adressa à Xavier, et le fit jeter sur le champ à la poste.

Il se faisait tard. Xavier était rentré chez lui et s'étonnait fort que Carral n'eût point reparu à leur hôtel depuis l'événement de la matinée. Soit par oubli, soit à dessein, le mendiant ne lui avait pas parlé de la lettre mystérieuse envoyée par Carral au commissaire de police.

Xavier à cet égard, restait donc sans soupçons.

En outre, il n'avait point le temps de donner son esprit à ces préoccupations secondaires. Sa destinée avait si fort changé depuis quelques heures ! Désormais, il avait un passé ; il pouvait croire à un avenir.

Certes, sa position actuelle était loin d'être brillante, et la révélation de Neptune ne l'avait point fait enjamber d'un seul coup tous les degrés de l'échelle sociale, comme il arrive d'ordinaire dans les romanesques péripéties des drames inventés à plaisir. Sa naissance restait modeste, et c'était une bien triste histoire que celle de sa famille.

Mais il avait craint un instant d'être le fils d'un nègre, d'un mendiant, et son père se trouvait être un vaillant soldat.

Il avait un nom honorable sinon illustre, et, quoi que pût dire ou faire le fidèle serviteur qui était en même temps son protecteur, Xavier était bien résolu à le porter en face de tous.

C'était un honnête et bon cœur, mais il avait hâte de jouir de ce nom qui était son bonheur et son honneur. Il était certes fait pour apprécier ce qu'il y avait de grand dans l'exagération d'obéissance qui dominait le dévouement de Neptune, mais cette abnégation sentait l'esclave, et notre siècle que la parole du Christ a fait libre, ne sait plus obéir, même à Dieu.

Neptune était plus grand que Xavier, plus libre et plus chrétien, car il n'obéissait en définitive qu'à sa libre volonté de bien faire.

Xavier jugeait sa mère et la condamnait. Il avait tort, quoiqu'elle méritât d'être condamnée. Ce temps où nous sommes a vécu d'usurpations et en meurt.

Xavier avait passionnément souhaité la fortune pour se rapprocher d'Hélène ; maintenant, comme il arrive toujours dans le premier moment d'un bonheur inespéré, il se croyait à bout de peine ; sa joie lui cachait les obstacles qui restaient entre lui et l'héritière de Rumbrye.

Il était perdu dans ce dédale de pensées confuses qui viennent en foule assiéger l'homme dont la vie a subi une crise heureuse ou malheureuse, lorsque la porte de la chambre s'ouvrit. Le mendiant noir entra. Il portait un paquet sous le bras.

— Petit maître, dit-il, je vous apporte votre bien.

Il déposa le paquet sur un meuble et poursuivit :

— Peut-être m'accuserez-vous de l'avoir gardé trop longtemps, mais j'aimais tant à causer avec mes chères reliques, le soir, avant de fermer mes yeux pour le sommeil de la nuit ! En outre, vous ne saviez point votre histoire ; ces objets n'auraient eu pour vous aucun prix.

Xavier devina ce que contenait le paquet. Il l'ouvrit respectueusement, et étala sur la table les divers objets que nous avons vus, suspendus en trophée, dans la chambre du mendiant.

— Voilà donc tout ce qui me reste de mon père ! dit-il en se parlant à lui-même.

A ces mots, Neptune prit une contenance craintive et embarrassée.

— Pardonnez-moi, petit maître ! balbutia-t-il.

Xavier ne l'entendit point et continua, disant :

— Combien je suis jaloux de chaque objet qui compose ce pauvre héritage !

— Je vous le rendrai, petit maître, je vous le rendrai ! dit humblement le noir.

— Que me rendrez-vous, mon brave ami ?

— Ne soyez pas en colère contre moi. J'ai

tant de peine à me séparer de cela, petit maître !
Malgré, moi, l'uniforme s'est échappé de mes
mains quand j'ai fait ce paquet. J'ai voulu le
joindre au reste, mais...

Un sanglot souleva sa poitrine.

— Mais je serai seul maintenant dans ma demeure, poursuivit-il. Je n'aurai plus rien... rien
de lui ! Quand je lui parlerai, m'entendra-t-il
encore ?

— Neptune, dit Xavier attendri, l'uniforme
de mon père est à sa place au chevet de son
fidèle serviteur ; je vous le donne.

Neptune, malgré son âge, fit un bond de
joie.

— Merci, dit-il ; oh ! merci, petit maître !
vous êtes presque aussi bon que lui !

Un domestique de l'hôtel apporta une lettre
que Xavier ouvrit. Pendant qu'il la lisait une
expression de joie éclaira sa physionomie, et

se refléta, comme dans un miroir, sur le large visage du mendiant.

Après avoir lu, Xavier fit deux ou trois tours de chambre comme s'il eût oublié la présence du noir. Il pensait tout haut :

— J'irai ! je lui dirai le bonheur que Dieu m'a envoyé. Oh ! oui, j'irai ! Manquer une pareille occasion serait folie... Neptune, ajouta-t-il en s'adressant au mendiant, je vais vous quitter pour quelques jours, mon ami.

— Me quitter ! répondit le noir ; Déjà !... pourquoi ?

— Je vais à la campagne.

— Je vous y suivrai, petit maître.

— Cela ne se peut, Neptune.

Le nègre baissa la tête ; peut-être songeait-il à la parole semblable que le capitaine Lefèbvre avait prononcée à St-Domingue en lui défendant de le suivre.

— Bon maître, dit-il enfin d'une voix ferme, m'a ordonné de veiller sur vous. Tout se peut, tout se doit, quand il s'agit de lui obéir, j'obéirai.

Puis, soudain, une pensée nouvelle traversa son esprit, et il reprit avec agitation :

— Vous avez un ennemi, petit maître.

C'était la troisième fois depuis deux jours que Xavier recevait pareil avertissement.

— Le connaissez-vous ? demanda-t-il.

— Je le connais, et, sur le nom de bon maître, j'ai déjà juré que je le tuerais !

— Le tuer ! répéta Xavier qui ne prit pas ce mot au sérieux : comme vous y allez !

— J'ai tué celui de mes frères qui avait frappé bon maître, reprit le mendiant avec une sauvage énergie : Je suis fort !

Puis, adoucissant soudainement sa voix, il ajouta :

— Laissez-moi vous suivre, petit maître, je vous en prie, vous ne savez pas... j'aurais dû vous le dire plus tôt : la venue de la police à la maison de jeu n'était point l'effet du hasard. J'ignore quel était le but de votre ennemi, mais vous avez été attiré dans un piége.

— Qui vous le fait croire ?

— J'ai vu.

Ici le mendiant raconta l'incident de la lettre confiée à l'Auvergnat, et la lecture que celui-ci en avait faite à voix haute, en l'épelant, sur le parvis de Saint-Germain-des-Prés.

— Et vous êtes sûr que c'est Carral ? demanda Xavier indécis.

— C'est l'homme qui, depuis deux mois, s'est fait votre ami malgré vous ; l'homme dont je me suis défié, moi, dès le premier jour ; l'homme enfin qui était hier avec vous sur le balcon, et à qui vous avez eu l'imprudence de révéler ce que vous saviez de vos secrets, j'en suis sûr !

Xavier fut quelque temps avant de répondre, tant sa surprise était grande.

— Carral ! répéta-t-il enfin ; mais c'est impossible ! Quel intérêt aurait-il à me tendre des embûches ?

— Je ne sais, mais il l'a fait... je l'affirme !

— Mais cette lettre est de lui ! dit encore Xavier en montrant le message qu'il venait de recevoir et qui l'avait rendu si joyeux.

— N'allez pas ! n'allez pas ! s'écria Neptune. Cet homme est votre ennemi ! Il vous perdra !

Le jeune homme réfléchit un instant.

— J'irai, dit-il enfin d'un ton résolu : Quand même il y aurait vraiment péril !

Neptune secoua la tête avec tristesse.

— Ma voix ne peut rien contre le sentiment qui vous entraîne, murmura-t-il ; mais quelque chose me dit que ce n'est là qu'un appât de plus pour vous attirer au bord du précipice. Je vous suivrai, petit maître... ne vous récriez pas ! Je sais qu'il est des lieux où le pauvre noir n'a point le droit de se montrer. Je sais que ma présence serait pour vous un embarras, sinon une honte... mais je me cacherai ; vous ne me verrez pas, personne ne me verra, à moins que !...

Il n'acheva point sa pensée.

— Où allez-vous ? reprit-il.

— Au château de Rumbrye, auprès d'A..., dans le département de l'Eure.

— C'est bien. Vous avez perdu votre argent ; il vous en faut, en voici.

Quelque chose tinta sur la tablette de la cheminée. Le front de Xavier se couvrit d'une épaisse rougeur.

— Ne rougissez pas, dit doucement Neptune ; votre père m'avait donné plus que cela : il m'avait fait libre. C'est une dette que je paie.

A ces mots, il se dirigea vers la porte ; mais, au moment de passer le seuil, il se retourna :

— A quelle heure partez-vous demain ? demanda-t-il.

— Je ne sais... dans l'après-midi.

— Au revoir, petit maître ! Avant de vous suivre, j'aurai le temps de consacrer quelques heures à ma tâche de chaque jour... Je chercherai votre mère.

XII

COURSE AU CLOCHER

Le lendemain, de bonne heure, Neptuné, appuyé sur son bâton, descendit les cinq étages de son grenier et commença sa journée.

Il avait déjà parcouru Paris bien des fois dans tous les sens durant ces vingt années. Il avait scruté chaque maison, examiné chaque femme dont l'âge et la tournure se rapportaient quelque peu au type qu'il s'était imposé pour jalon, à la mère de Xavier, en un mot, telle que son imagination la lui représentait. Nous n'étonnerons personne en disant que jamais nul résultat n'était venu récompenser sa constance.

Ce jour-là, il n'allait plus complètement au hasard. Il avait un indice, bien faible sans doute, mais cela suffisait pour exalter son courage.

Il se mit donc en quête, plein d'espoir, tâtant à chaque pas sa poche pour se bien assurer qu'il était toujours possesseur du fameux mouchoir de batiste aux initiales F. A.

Tout d'abord, et sans hésiter, il se dirigea vers le faubourg Saint-Germain, qui est la patrie des équipages armoriés.

Il connaissait la dame et la voiture ; mais les dames se lèvent tard, tandis que c'est le matin qu'on fait la toilette des équipages.

Il comptait plus sur la voiture que sur la

dame, et son espoir ne devait point être trompé.

Après avoir erré inutilement pendant quatre ou cinq heures, fouillant du regard les cours de tous les hôtels et avançant la tête entre les battants des portes cochères, si bien qu'on l'eût pu prendre pour un de ces gueux embrigadés que la police emploie, dit-on, à divers usages, il arriva devant une sorte de palais, situé au milieu de la rue de Grenelle, et dont la noble architecture semblait faire honte aux hôtels voisins.

La porte-cochère était entr'ouverte. Le mendiant y plongea son regard.

Il vit d'abord une chaise de poste, attelée de quatre bons chevaux, qu'inspectait avec soin un grand jeune homme à la tournure anglaise, en costume de voyage. Ce n'était point ce qu'il cherchait.

Il allait poursuivre sa route, lorsque le grand

jeune homme ayant voulu jouer avec l'un des chevaux, celui-ci fit un saut en avant. La chaise de poste s'ébranla et démasqua une charmante calèche qui, le timon en l'air, attendait sans doute la brosse et l'éponge d'un valet.

A cette vue, le mendiant resta cloué à sa place.

Il examina de loin la calèche dans tous ses détails.

— C'est la même ! murmura-t-il enfin d'une voix que la joie rendait tremblante.

Il entra résolument dans la cour, et marcha vers le grand jeune homme, qui n'était autre que M. Alfred Lefebvre des Vallées, lequel, au lieu de son resplendissant costume [1] de la veille, avait endossé la jaquette à l'anglaise, noué la cravate noire et chaussé la botte à cœur. Ainsi

---

[1] Le gilet n'était pas de chez Staub.

costumé, ce jeune monsieur n'avait point l'air moins sot qu'en habit de bal.

— Ma parole d'honneur ! dit-il en examinant Neptune à travers son lorgnon : Voici un moricaud qui a la barbe blanche ! le diable m'emporte si ce n'est pas drôle ! Je n'en avais jamais vu comme cela !

Le noir avançait toujours. Il s'arrêta en face de M. Alfred Lefebvre des Vallées. Celui-ci baissa son lorgnon.

— John ! dit-il.

Un petit Bas-Normand, auquel on avait donné un nom et un veston anglais, afin d'en faire un groom, parut à la porte des écuries.

— Prends un fouet, continua le jeune M. Alfred Lefebvre des Vallées avec un sang-froid tout britannique.

Il acheva de traduire son idée en désignant le mendiant d'un geste significatif. Neptune comprit sans doute, car il serra d'instinct son long bâton, qui n'était point une arme méprisable.

Heureusement, il n'eut pas besoin de s'en servir. M. Alfred était au fond un bon jeune homme. Il avait seulement voulu faire une spirituelle plaisanterie.

— Mauricaud, dit-il, en riant, si John avait seulement deux ans de plus, je le ferais boxer contre toi. Que demandes-tu? On n'entre pas comme cela à l'hôtel de Rumbrye.

— Rumbrye! répéta le mendiant qui ne put retenir un geste de surprise.

— On mendie à la porte, reprit M. Alfred; jamais dans la cour... va-t'en !

Neptune ne répondit point, mais il tira de son sein le mouchoir, aux initiales F. A. soigneusement enveloppé dans une feuille de papier blanc, et le remit au jeune Alfred Lefebvre des Vallées.

— Qu'est-ce là ? s'écria celui-ci, qui eut soin de se ganter avant de toucher au paquet ; ma parole d'honneur, c'est un mouchoir à la marquise !

Il mit cinq francs dans la main de Neptune, et reprit :

— Du diable si ce n'est pas une bonne journée pour toi, moricaud... bonsoir !

Neptune se retira aussitôt ; mais, au lieu de s'éloigner, il s'arrêta après avoir passé le seuil de la porte cochère, et s'assit sur une borne, en ayant soin de rabattre son large chapeau de paille sur ses yeux.

De temps en temps, il glissait un regard à travers la porte entr'ouverte.

Il savait désormais où retrouver cette femme qui avait les traits de Xavier et dont le chiffre était celui de la mère de Xavier.

Mais il avait appris autre chose encore. Cet

hôtel portait le nom de Rumbrye. Le nom du château où devait se rendre Xavier. Une chaise de poste attendait dans la cour. L'hôtel et le château avaient-ils le même propriétaire ?

Etaient-ce les hôtes de Xavier qui allaient prendre place dans cette voiture de voyage?...

Comme il se faisait cette question, le son d'une horloge, affaibli par la distance, arriva jusqu'à son oreille. Deux heures sonnaient à l'église de Saint-Thomas-d'Aquin.

Le mendiant se leva brusquement. Xavier avait parlé de se mettre en route vers midi, et Neptune se sentait en retard ; il craignit que le jeune homme ne fût déjà parti.

Or, peu familier avec la géographie du royaume, Neptune ne s'était souvenu que du nom de Rumbrye ; une nuit de sommeil avait fait sortir de sa mémoire le nom du village et même celui du département où était situé le château

Il allait regagner à toutes jambes la place Saint-Germain-des-Prés, lorsqu'un dernier regard jeté dans la cour de l'hôtel lui fit apercevoir madame de Rumbrye, qui descendait le perron, appuyée sur le bras d'un homme. D'abord, il ne vit que la marquise, et, tout entier à la joie de ne s'être point trompé, il murmura :

— C'est bien elle !

Puis, son œil ayant glissé de la marquise à son cavalier, un cri d'étonnement sortit de sa poitrine, tandis que ses sourcils se fronçaient violemment.

— C'est lui ! dit-il encore.

Il avait reconnu l'ennemi secret de Xavier, son ennemi, à lui, par conséquent, l'homme qui avait écrit cette lettre perfide au commissaire de police : il avait reconnu Carral.

Il ne songea plus à s'éloigner. Stupéfait, perdu au milieu de ces péripéties accumulées qui se succédaient sans relâche et lui donnaient à peine le temps de la réflexion, il demeura immobile.

Que faire ? La présence de Carral donnait au départ de la marquise une apparence de menace. Le guet-apens de la veille allait-il se renouveler? Cet homme ne pouvait être là que pour le malheur de Xavier.

Or, si, à cette heure, Xavier était parti déjà par hasard, comment suivre sa trace ? Comment trouver ce château de Rumbrye, que Neptune entrevoyait, dans son imagination effrayée, tout plein d'embûches et de sanglants mystères?

Il jeta autour de lui son regard irrésolu, et

vit, le long du trottoir opposé, un fiacre attelé de deux forts chevaux. Il respira plus librement.

— Je les suivrai ! se dit-il.

A ce moment, madame de Rumbrye, légère et gracieuse comme une jeune fille, s'élançait dans la chaise de poste. Avant de monter, elle avait dit à Carral :

— Nous serons seuls ; nous aurons le temps de causer.

Mais elle avait compté sans le jeune M. Alfred Lefebvre des Vallées, qui à l'avance s'était commodément étendu sur l'une des banquettes. Madame de Rumbrye ne put retenir un geste d'impatience.

— Vous ne vous attendiez pas à me trouver là ! dit le grand garçon avec un rire épais et bruyant ; je fais route avec vous, le diable m'emporte ! plaisanterie à part.

— Je croyais que vous partiez avec Hélène et M. de Rumbrye, répartit sèchement la marquise.

M. Alfred des Vallées tira de sa poche une petite glace et mira complaisamment ses favoris.

— Du diable si M. de Rumbrye me prend jamais à voyager avec lui! grommela-t-il. C'est un voltigeur de Louis XV, qui voudrait qu'on portât encore la perruque poudrée, l'épée horizontale et le catogan! Ma parole d'honneur, madame, je ne puis pas m'habituer à cela, c'est plus fort que moi, il m'assomme!

La marquise fit contre fortune bon cœur, et dit à Carral de monter.

— Croyez-moi, si vous voulez, dit M. Alfred à ce dernier, vous avez moitié meilleure mine qu'hier. Je n'ai jamais vu de déterré, mais vous en aviez l'air, ma parole d'honneur!

La chaise partit. En passant sous la porte cochère, Carral et madame de Rumbrye aperçurent à la fois le mendiant noir, dont l'œil ardent plongea dans la voiture.

— Encore cet homme! murmura la marquise, qui ne put se défendre d'un mouvement de frayeur.

— Il y a dans la persistance de ce drôle quelque chose que je ne comprends pas, pensa de son côté Carral.

Quant au jeune M. Alfred Lefebvre des Vallées, il se contenta de murmurer en souriant :

— Le fait est que, si John avait seulement eu deux ans de plus, je l'aurais fait boxer contre ce mauricaud, ce n'est pas une plaisanterie.

Neptune, lui, s'était élancé vers le fiacre. Il dit quelques mots au cocher, lui mit un louis dans la main, et la lourde voiture commença à brûler le pavé sur les traces de la chaise de poste.

Dès le matin le noir avait pressenti une journée orageuse. Avant de quitter sa mansarde, il s'était armé de toutes pièces, c'est-à-dire qu'il avait pris le reste de son pécule.

Tant qu'on resta dans Paris, le fiacre n'eut point trop de peine à suivre la chaise de poste. Il la gagna même quelque peu, et en passant le pont Louis XV, les deux chevaux de louage se trouvèrent un instant à marcher de front avec les coursiers de la poste.

Le mendiant ordonna aussitôt au cocher de céder le pas

C'était un ordre superflu. A peine, en effet, la chaise de poste fut-elle lancée sur le sable uni des Champs-Elysées, qu'une large distance s'établit entre elle et la voiture de louage.

— Ferme ! cria le mendiant par la portière.

— N'ayez pas peur, *bourgeois* ! répondit le cocher, en appuyant sur ce dernier mot avec une sournoise ironie ; nous les rattraperons à la montée.

En effet, à la côte qui précède la barrière de l'Etoile, le fiacre regagna le terrain perdu. Il était trainé par des chevaux forts, mais vieux, dont les descentes rompaient les jambes.

A une lieue de la barrière, le cocher se retourna sur son siége.

— Ah ça, *bourgeois*, dit-il, où allons-nous comme ça ?

Neptune montra du doigt la chaise de poste.

— Connu ! répondit le cocher. Nous allons où ils vont, mais où vont-ils ?

— Va toujours ! cria Neptune avec impatience ; tu seras payé.

Le cocher allongea un coup de fouet à ses bêtes, et reprit l'entretien.

— *Not'maître*, dit-il, vous parlez bien ; mais j'ai deux bons chevaux que je suis en train de crever, et, sauf respect, vous ne m'avez pas l'air... ce qui s'appelle calé, là !

Neptune tira une douzaine de napoléons qu'il montra au cocher. Celui-ci fit aussitôt claquer son fouet avec enthousiasme.

— Dieu-de-Dieu ! murmura-t-il, faut croire que c'est un fier métier tout de même que d'être mauricaud !

A Saint-Germain-en-Laye, la chaise s'arrêta pour relayer. Le fiacre la dépassa, et prit de l'avance qu'il devait perdre bientôt.

Les deux chevaux commençaient à souffler déplorablement. Tout leur corps fumait, et de larges gouttes de sueur coulaient à leurs flancs.

— Feront-ils bien encore deux postes comme cela ? demanda Neptune avec inquiétude.

— Deux postes! répondit le cocher ; deux postes ! je ne m'en charge pas, not'maître, quand vous me donneriez tous les jaunets que vous m'avez montrés !

— Va toujours ! dit le nègre en dissimulant son désappointement.

La chaise attelée de chevaux frais, et lancée au galop sur une descente, passa en ce moment comme la foudre auprès du pauvre fiacre.

— Ferme ! cria Neptune.

Le cocher sangla deux coups de fouet à tour de bras. Les chevaux reprirent un galop cahoteux et désespéré.

A la côte qui suivit la descente, ils regagnèrent quelque terrain, mais à mesure qu'on allait, la disproportion de force devenait de plu   n plus évidente.

Le mendiant s'agitait sur son coussin. Il semblait, par ses mouvements désordonnés, vouloir communiquer une impulsion nouvelle à son véhicule.

— Ferme ! criait-il à chaque instant ; sur ta vie, ne les perds pas de vue !

Le cocher faisait de son mieux, mais ses chevaux mollissaient sensiblement. Le moment vint où Neptune, penché à la portière, perdit de vue la chaise à un détour du chemin.

— N'ayez pas peur ! dit le cocher. Au coude, nous allons les revoir.

On tourna le coude, mais on ne vit rien du tout.

— Dix louis si tu les rejoins ! prononça Neptune d'une voix brève et sèche :

— Deux cents francs ! murmura le cocher.

Son fouet coupa trois fois le cuir de ses bêtes harassées. La douleur les fit bondir en avant ; puis elles s'arrêtèrent.

Le cocher redoubla impitoyablement. Les

chevaux, pris d'une sorte d'agonie furieuse, coururent la tête entre les jambes, les naseaux fumants, les jarrets bronchant à chaque pas ; mais ils allaient et le cocher frappait toujours.

Neptune, penché à la portière comme un jockey sur la crinière de son pur-sang au Champ-de-Mars, haletait et criait machinalement :

— Ferme ! ferme !

Ses doigts crispés broyaient la paroi du fiacre. Il gémissait chaque fois que la course se ralentissait ; chaque fois qu'un choc subit lui annonçait une impulsion plus vive, il poussait un cri de joie.

La nuit commençait à tomber. Neptune crut distinguer au sommet d'une côte lointaine la silhouette de la chaise de poste qui se dessinait sur le brun de l'horizon. En même temps, à perte de vue, se montrèrent, étagées en amphithéâtre, les lumières des maisons de Meulan.

Le mendiant poussa un dernier cri d'encouragement, et retomba épuisé au fond du fiacre.

Quelques minutes après, il se fit un choc violent... les deux chevaux s'étaient abattus à la fois.

Mais on était à Meulan, et, à dix pas de là, la chaise de poste arrêtée relayait.

Neptune s'élança hors du fiacre, jeta dix louis au cocher, et prit sa course vers la chaise. Au moment où celle-ci se remettait en marche, il sauta sur la planchette de derrière, se cramponna aux ressorts, et partit avec ceux qu'il poursuivait.

Le maître de poste voulut crier au postillon d'arrêter, mais la chaise dansait sur les pavés pointus de Meulan ; on n'aurait pas entendu la foudre tomber. D'ailleurs, il faisait nuit. Après une minute d'anxiété, le mendiant perdit toute crainte d'être expulsé de son poste.

Pendant cela, les chevaux du fiacre, les flancs tremblants et la tête sur le sol, ne semblaient point devoir se relever jamais.

Ils se relevèrent pourtant, et nous sommes fondés à croire qu'ils n'en coururent que mieux le lendemain. Ainsi sont faits les chevaux de fiacre, — et aussi beaucoup de bons chrétiens que Dieu mène rudement pour les récompenser mieux.

La chaise continuait sa route au galop. Après une heure, elle quitta le pavé pour entrer dans une large avenue dont les grands chênes alignaient au loin les quatre rangs de leurs troncs séculaires.

Au bout de l'avenue apparaissait le château de Rumbrye, dont le corps de logis, illuminé comme pour un fête, laissait dans l'ombre la belle architecture des deux ailes, bâties en briques et affectant cette forme sagement élégante des monuments du siècle de Louis XIII.

Le mendiant était toujours sur la planchette. Ni la fatigue, ni les cahots de la route n'avaient pu lui faire lâcher prise.

Une haute grille de fer à ornements dorés coupait l'avenue à son milieu et fermait l'enceinte réservée du parc. Le fouet du postillon fit sortir le garde de sa loge, et les deux battants de la grille grincèrent sur leurs gonds rouillés.

La chaise passa rapide comme l'éclair ; le garde ne vit point Neptune.

Celui-ci sauta sur le sol à deux cents pas du château, et se glissa, inaperçu, entre les arbres du parc.

Il était huit heures du soir. Des valets expédiés d'avance avaient tout préparé au château pour la réception de la famille de Rumbrye et de ses hôtes.

A peine la marquise était-elle arrivée que d'autres chaises de postes enfilèrent l'avenue. Le salon se remplit, et, lorsque monsieur de Rumbrye vint à son tour suivi de sa fille, on passa dans la salle à manger, où un dîner confortable attendait les voyageurs.

Tout le monde y fit grand honneur, car la route avait aiguisé l'appétit de chacun ; mais notre impartialité nous force à déclarer que le jeune monsieur Alfred des Vallées laissa bien loin derrière lui les autres convives. Deux boutons de sa redingote à l'anglaise qui le ficelait rond et long comme un saucisson, sautèrent avant la fin du repas, et sa voisine n'eut point à se plaindre de son bavardage.

— Ma parole d'honneur, madame, lui dit-il

seulement après le rôti, je n'ai jamais mangé de meilleure poularde. Du diable si ce n'est pas la vérité ! Voilà à quoi sert la nature.

La journée avait été magnifique.

Il faisait chaud, quoi qu'on fût en automne. L'air était lourd. Toutes les fenêtres de la salle à manger, située au rez-de-chaussée, restaient ouvertes pour donner aux convives un peu de fraîcheur. Derrière un buisson de roses, vis-à-vis de l'une de ces fenêtres, Neptune s'était tapi et observait.

Le noir, jusque-là, n'avait pas retiré grand fruit des efforts surhumains qu'il avait faits pour arriver au château de Rumbrye. Naturellement exclus de l'intérieur, il né pouvait que jeter de loin d'avides regards sur la marquise et sur Carral, qu'il soupçonnait instinctivement de comploter la perte de Xavier.

Ils étaient assis à table fort loin l'un de l'autre ; mais leurs regards se cherchaient, et plus d'une fois Neptune crut voir l'œil de la marquise étinceler de haine en se portant sur Xavier.

— Si je pouvais parler à cette femme, pensait-il, lui dire qu'il est son fils !... mais je n'ai même pas de certitude ! Quelque chose en moi me l'affirme hautement ; mais, si elle nie, comment lui prouver son mensonge ?

Or, Neptune dans sa naïveté pleine de logique ne pouvait espérer qu'une femme qui avait abandonné autrefois son enfant pût le reconnaître volontiers et l'accueillir, sans combattre, après plus de vingt ans écoulés.

On se leva de table. La marquise fit un signe à Carral qui s'approcha d'elle aussitôt. Puis la porte du jardin s'ouvrit, et quelques groupes descendirent le perron.

Ces groupes, riant et causant, passèrent tout près du mendiant, qui ne prit point garde à eux, tant il suivait ardemment les mouvements de Carral et de Mme de Rumbrye. Son œil était cloué à la porte du château.

Il ne vit pas même Hélène et Xavier qui passèrent à leur tour, en causant et suivirent une allée du jardin, escortés par la digne Anglaise de compagnie : Les autres groupes s'éloignèrent et se dipersèrent.

Bientôt on n'entendit plus que de gais éclats de rire voilés par le lointain, et la voix gutturale du jeune monsieur Alfred des Vallées, qui jurait sur son honneur que la chaleur n'était point supportable, ou bien encore que, depuis son dernier voyage à Rumbrye, les jours avaient raccourci ; ce qui, affirmait-il, était étonnant.

— J'ai essayé de parler à M. le marquis, dit Xavier, mais il est bien occupé ce soir.

— Vous avez quelque chose à lui dire, depuis hier ? demanda Hélène.

— Depuis hier, oh ! oui, tout s'est passé depuis hier. Ma vie a bien changé, et comme je sais l'intérêt que veut bien me porter M. de Rumbrye...

— Mon père a pour vous une réelle affection, dit Hélène.

— Aussi sera-t-il le premier à qui je ferai part de mon bonheur.

Hélène n'interrogea point, mais elle attendait avec impatience.

— M. le marquis, reprit Xavier, l'apprendrait plus volontiers encore de votre bouche.

— Alors, dites vite, puisqu'il s'agit de bonnes nouvelles !

— Jugez-en, mademoiselle ; je ne suis plus seul au monde maintenant ; j'ai la mémoire d'un père à vénérer, à chérir ; j'ai un nom...

— Noble? interrompit vivement la jeune fille.

Cette question serra le cœur de Xavier.

— Non, dit-il.

Hélène laissa échapper un soupir.

— Ce n'est pas pour moi, murmura-t-elle ; parlez, je vous écoute.

Xavier obéit, il raconta son histoire, mais non plus avec cet enthousiasme qui l'enflammait naguère. Un seul mot suffit pour jeter du froid dans l'âme, et ce mot avait été prononcé.

— Hélas ! mademoiselle, dit-il en finissant ; ce bonheur m'a fait perdre la raison, peut-être... pardonnez-moi, de vous avoir ainsi parlé de mes affaires.

Hélène demeura pensive.

— Je sais dit-elle après un silence, que mon père sera heureux de votre bonheur.

Elle s'éloigna appuyée au bras de l'Anglaise et

Xavier resta seul. Rien n'avait été dit. Pourquoi son cœur débordait-il de joie ?

Pendant cela Neptune ne perdait point de vue la porte du jardin et restait à l'affût.

Enfin, ce qu'il attendait arriva. Mme de Rumbrye descendit à son tour le perron, en donnant le bras à Carral. Au moment où ils passaient devant Neptune, celui-ci se jeta derrière les massifs, et, retrouvant cette adresse sauvage qu'il avait si souvent déployée autrefois, il se prit à les suivre en rampant.

Aucun bruit ne décélait sa marche ; il glissait silencieusement sur le gazon, se faisant un abri de chaque arbre fruitier et de chaque touffe de fleurs.

Mme de Rumbrye ne prit point le même chemin que ses hôtes ; elle tourna court au bout de l'allée, et, suivant la lisière du parc sans y pénétrer, elle entra, toujours accompagnée de

Carral, dans une pièce de gazon découverte, au milieu de laquelle s'élevait un bouquet de hauts dahlias.

— Ici, dit-elle, nous verrons arriver de loin les importuns, et vous pourrez vous expliquer enfin, Carral.

— Je ne demande pas mieux, répondit celui-ci. Je l'eusse fait plus tôt si votre fils n'était point venu se mettre en tiers dans la chaise de poste... Mais quel est ce bruit?

Ce bruit c'était Neptune qui venait de se glisser avec l'adresse d'un reptile sous le massif de dahlias.

— Je n'ai rien entendu, dit la marquise.

Carral, plus prudent, écarta les tiges flexibles des fleurs favorites de la mode, et tout nouvellement importées en France, mais il ne vit qu'une masse de fumier au centre des racines.

Quand il se fut retiré, la masse de fumier fit un imperceptible mouvement, et Neptune, plaçant sa tête au plus épais du feuillage, braqua ses yeux avides sur nos deux interlocuteurs.

— Ce n'est rien, en effet, dit Carral en rejoignant la marquise ; mais avant d'entrer en matière, permettez-moi, madame, de vous faire une question. Êtes-vous toujours bien résolue d'en finir ?

— Vous me le demandez ! s'écria la marquise avec violence. N'avez-vous donc point remarqué que M. de Rumbrye a amené cet insolent vagabond dans sa voiture ?

— Si fait, répondit froidement Carral ; je l'ai remarqué.

— Dans sa voiture ! répéta Mme de Rumbrye ; entre lui et Hélène !... à la place que devrait occuper mon fils ! N'avez-vous pas remarqué que, pendant le souper, toutes les attentions du marquis étaient pour lui ?

— Si fait, dit encore Carral.

— En ce moment même, ce Xavier n'est-il pas avec Hélène ? Et n'est-ce pas M. de Rumbrye qui les a réunis ?

— Si fait.

— Et vous me demandez si je veux en finir ! Il est temps, Carral ! Si vous n'agissez pas, la fortune de mon fils est manquée.

— Mettons les points sur les i, dit Carral avec un grand sang-froid. *Agir* veut dire *tuer ?*

Neptune se sentit frémir de la tête aux pieds. Ses vagues appréhensions ne lui avaient point montré ce danger suprême.

La marquise fut quelque temps avant de répondre. Sa voix tremblait quand elle dit enfin :

— Soit !

— A la bonne heure ! fit Carral.

— Quand agirez-vous ?

— Cette nuit.

La marquise courba la tête, mais bientôt, rejetant toute feinte, elle se redressa vivement, et, sans trahir d'autres sentiments qu'une inquiète curiosité, elle dit :

— Sitôt !... et comment ferez-vous ?

— Je le poignarderai, répondit Carral, avec son sang-froid extraordinaire.

Neptune mit sa main sur son cœur et le comprima violemment. Il avait peur que ses battements désordonnés ne fissent découvrir sa présence...

— Attention, maintenant, reprit Carral ; vous allez faire préparer son lit, à l'extrémité de l'aile gauche... là... c'est très-facile à escalader.

Son doigt étendu désignait la dernière fenêtre de l'aile qu'il venait de nommer. Le mendiant ne perdit point ce geste.

— Je le ferai, murmura Mme de Rumbrye.

— Il n'y a point d'autre chambre habitée dans cette aile ?

— Pas une seule.

— C'est bien. Je fracturerai la croisée, je prendrai sa montre et son argent... Demain on racontera que des voleurs se sont introduits au château...

— Misérable ! pensa Neptune dont la haine faisait bondir le cœur.

— Vous êtes un bon serviteur, Carral, dit la marquise en lui tendant la main. Faites comme vous parlez et vous serez richement récompensé.

— J'y compte, répliqua le mulâtre de cette même voix froide et dégagée qui ne l'avait point abandonné durant tout cet entretien.

L'atmosphère était de plus en plus lourde et chargée d'électricité, de gros nuages noirs à franges cuivrées roulaient au ciel ; quelques larges gouttes de pluie commencèrent à tomber.

La marquise voulut se retirer ; mais Carral lui prit le bras sans façon, et dit avec un sourire équivoque :

— Restez, je vous prie, maîtresse, je n'ai pas achevé.

— Que voulez-vous me dire encore ? balbutia la marquise dont un vague effroi fit trembler la main.

Carral se recueillit un instant.

— Je veux vous dire, madame, reprit-il ensuite, que je vous hais du plus profond de mon cœur !

Neptune, étonné, crut avoir mal entendu ; il prêta l'oreille. Il espéra. Mais le mulâtre poursuivit :

— Je ne vous apprends rien, n'est-ce pas, madame ? Vous avez été mon mauvais génie ; vous avez mis votre pied sur ma poitrine, et quand j'ai demandé grâce, c'est un amer et cruel sarcasme qui seul a répondu à ma prière. Maintenant, vous me demandez un crime, c'est bien, je vous connais, je m'y attendais ; je le désirais, car ce crime doit briser ma chaîne.

— Oui... oui, Carral interrompit la marquise avec une douceur hypocrite. Après cela, vous serez libre je vous le jure...

— Qu'importe un serment de vous, madame ? Vous savez mentir et vous ne croyez point en Dieu. Je veux davantage, entendez-moi bien : je veux une garantie...

— Vous l'aurez.

— Quoi ! dit Carral avec ironie, vous me donneriez un billet sur lequel vous écririez : J'ai ordonné un meurtre au mulâtre Jonquille !...

— Jonquille! répéta Neptune; j'ai lu ce nom dans les papiers de bon maître ! J'en suis sûr !

D'un geste rapide, il s'assura que ces papiers reposaient sur son sein.

— Et vous signeriez, reprit le mulâtre : Florence-Angèle, marquise de Rumbrye?

— Florence-Angèle ! répéta encore le noir, dont la dernière incertitude se dissipait.

— Vous feriez cela? poursuivit Carral qui riait tout à fait.

La créole dégagea brusquement son bras, et prit cette impérieuse attitude qui, tant de fois, avait brisé la résistance de Carral.

— Je crois que tu veux te révolter contre moi! dit-elle en fronçant le sourcil.

Le mulâtre haussa les épaules et rit plus fort.

— Effet manqué! dit-il; à l'avenir, épargnez-vous la fatigue de ce rôle de reine que vous jouez si bien, madame ; je n'ai plus peur de vous, parce que vous avez besoin de moi. Il y a plus : c'est vous qui avez peur, vous, maîtresse, parce que j'ai votre secret.

La marquise n'était point femme à se laisser vaincre ainsi sans effort.

— Pauvre Jonquille! dit-elle. Tu as mon secret, mais je suis la marquise de Rumbrye, et toute accusation qui voudra m'atteindre passera pour une calomnie!

— Soit, mais vous n'oserez plus vous attaquer à Xavier ; et M. Alfred Lefebvre des Vallées n'épousera point les dix millions de Mlle de Rumbrye!

— Et toi, tu seras démasqué, dit la marquise avec colère. On te montrera au doigt...

— Moi, je quitterai la France, interrompit le mulâtre, et tout sera dit.

Il se fit un long silence. La pluie tombait en

larges gouttes sur les vêtements légers de la marquise, qui n'y prenait pas garde.

— Carral, reprit-elle à voix basse, demandez-moi autre chose et je le ferai.

— Nous voilà donc égaux tous les deux ! s'écria celui-ci avec exaltation. Vous capitulez, maîtresse ! Allons ! poursuivit-il, en ricanant, je veux être généreux ; vous ne signerez rien, vous n'écrirez rien ; — mais vous m'aiderez !

— Moi !... vous aider ! !

— Je suis lâche, vous savez, maîtresse. J'ai besoin de votre présence.

On entendit à ce moment la voix du jeune M. Alfred des Vallées qui appelait sa mère, et qui lui jurait sur sa parole d'honneur qu'il apportait un parapluie.

— Non... non ! balbutia la marquise, je ne puis... Jamais !

— Réfléchissez, madame, et hâtez-vous. Si

vous refusez, je quitte à l'instant le château, et vous ne me reverrez plus.

— Ho-op! ho-op! fit le jeune M. des Vallées ; du diable si je sais où vous êtes, ma mère !

— Une fois que je serai parti, dit encore Carral, Xavier l'emportera. M. de Rumbrye est pour lui, c'est vous même qui l'avez dit...

— J'irai ! murmura la marquise.

— Ho-op! ho-op! chantait le grand garçon. Croyez-moi si vous voulez, madame, il fait noir comme dans un four, et je ne sais pas où vous êtes!

Carral et la marquise se dirigèrent vers le château, dont les fenêtres resplendissaient dans l'obscurité.

— A quelle heure ? demanda Mme de Rumbrye.

— On se couchera tard...à deux heures après minuit.

— J'y serai.

Le mendiant se dressa de toute sa hauteur. Son noir visage domina les têtes de dahlias. Il suivit longtemps du regard le couple assassin.

— Moi aussi pensa-t-il, j'y serai !

XIII

AU CLAIR DE LA LUNE

Xavier avait été conduit par un domestique à la chambre que Mᵐᵉ la marquise avait fait préparer pour lui. L'isolement de cette pièce ne lui causa ni surprise ni inquiétude.

Il s'y mit au lit plein de joie et s'endormit, l'esprit bercé par de bonnes pensées. Pendant la soirée, en effet, le marquis lui avait témoigné un redoublement d'affection ; Hélène avait dû parler à son père.

Vers une heure du matin il dormait profondément.

On frappa trois petits coups aux carreaux de sa fenêtre.

Comme il n'entendait point, on frappa plus fort ; puis une main, enveloppée d'un mouchoir, poussa le carreau qui se brisa sans trop de fracas, parce que ses fragments furent arrêtés et retenus dans les plis du rideau.

Xavier entendit cette fois, mais il crut rêver, et se rendormit en murmurant quelques paroles inarticulées.

Une main s'introduisit par l'ouverture de la vitre brisée, et fit jouer l'espagnolette de la fenêtre qui s'ouvrit.

Alors un homme enjamba l'appui et sauta dans la chambre.

L'orage était passé. La lune dégagée de toutes vapeurs nageait, calme et brillante dans l'espace.

Sa lumière tombait d'aplomb sur le visage de Xavier endormi. L'intrus fit quelques pas dans la chambre et s'arrêta auprès du lit. Un instant il contempla Xavier, puis il joignit les mains et parut murmurer une prière, car il s'était mis à genoux.

Puis encore il déposa un baiser sur le front du jeune homme.

Quand il se releva, la lune éclaira le visage d'ébène du mendiant noir.

Il fit un geste comme s'il eût voulu réveiller Xavier ; mais il se ravisa et se dirigea vers la fenêtre qu'il referma, en ayant soin de tirer les rideaux, ce qui plongea la chambre dans une subite et complète obscurité.

Cela fait, il s'accroupit sur le tapis, derrière le lit de Xavier.

Il y avait une demi-heure à peine qu'il se tenait à ce poste, lorsqu'il crut entendre, dans le corridor, le bruit contenu de deux voix échangeant tout bas quelques rapides paroles.

Presque au même instant, une clé tourne dans la serrure et la porte s'ouvrit doucement.

Carral se montra sur le seuil. Il paraissait être sans armes. Sans doute le mulâtre, craignant de trouver Xavier éveillé, feignait à tout hasard et sous quelque prétexte une simple visite nocturne, autorisée du reste par leur liaison intime.

La précaution était bonne : un assassinat ne se suppose pas ; et, si les choses eussent suivi leur cours ordinaire, le jeune homme s'éveillant en sursaut n'eût point pensé voir en Carral un meurtrier. Mais il y avait là un témoin qui ne pouvait pas se méprendre.

Le mulâtre traversa la chambre souriant, et tenant à la main une bougie allumée.

Dès qu'il eût constaté le sommeil de Xavier,

sa physionomie changea tout à coup. Ses sourcils se froncèrent, creusant profondément les rides de sa joue, son regard étincela d'un feu sombre.

Il glissa sa main sous son habit, et en sortit un couteau-poignard tout ouvert.

Posant alors sa bougie sur la table, il l'éteignit, après avoir choisi avec soin la place où il devait frapper.

Il leva le bras.

Mais au même instant il sentit son poignet emprisonné par une main vigoureuse, tandis qu'une autre main lui serrait la gorge.

Il poussa un grand cri.

Un seul.

Cri terrible, tout plein d'atroces souffrances.

Puis il râla horriblement, puis encore il tomba à la renverse, inerte et lourd comme une masse de plomb.

Le noir s'y était pris selon la mode africaine.

Il avait étranglé son ennemi.

Xavier se leva, épouvanté sur son séant. Un silence profond avait succédé au cri d'agonie du mulâtre.

La marquise était restée tremblante dans le corridor. Courbée sous cette complicité positive que lui avait imposée Carral, elle attendait, prête à fuir.

En entendant le dernier râle d'un homme, elle frémit de la tête aux pieds et voulut s'élancer vers l'autre bout de la galerie ; mais les rayons de la lune lui montrèrent, — elle le crut du moins, — une forme indécise qui semblait glisser lentement dans la nuit. C'était un témoin qui venait.

Éperdue, elle se jeta dans la chambre de Xavier et tira la porte sur elle.

— Est-ce fait? demanda-t-elle à voix basse.

Xavier voulut répondre. Le mendiant lui imposa silence et répondit lui-même :

— C'est fait!

— Est-il donc mort? demanda Mme de Rumbrye, effrayée de l'obscurité presqu'autant que du crime.

— Il est mort! dit le mendiant.

— C'est singulier, Carral, reprit-elle, je ne reconnais pas votre voix.

Xavier se croyait le jouet d'un songe bizarre.

— Où êtes-vous? dit encore Mme de Rumbrye.

Elle trébucha contre le corps de Carral.

— Un homme! s'écria-t-elle épouvantée.

Le mendiant tira le rideau, et la lumière de la lune éclaira tout à coup la chambre.

— Madame de Rumbrye! dit Xavier stupéfait, dès que la lumière l'eut touchée.

Elle tourna vers Xavier son œil hagard puis elle se pencha sur Carral.

Quand elle se releva, son regard tomba sur le mendiant noir, qui, debout, immobile et les bras croisés, se tenait devant elle.

Elle voulut s'enfuir. Sa tête se perdait.

— Restez, dit-il, restez, veuve du capitaine Lefebvre ; nous avons ensemble un long compte à régler.

— La veuve de mon père! s'écria Xavier ; ma mère!...

Il se frotta les yeux, cherchant à rappeler ses esprits. La présence du mendiant, cet homme mort qui gisait près de son lit, cette femme qu'on appelait sa mère, tout cela le rendait fou.

— Au nom de Dieu! reprit-il, que s'est-il passé?

La marquise, faisant sur-elle même un effort

désespéré, avait réussi à reprendre quelque sang-froid. S'il y eut en elle un sentiment humain à cette heure, on ne le vit pas. Car ces misérables cœurs d'où l'infamie de certains systèmes arracha la notion de Dieu peuvent tomber au-dessous du crime même.

— Que s'est-il passé, en effet? dit-elle. Je viens ici attirée par le bruit, et je trouve un cadavre chez un de mes hôtes !

— Le cadavre d'un homme que j'ai tué, madame, interrompit Neptune, parce que, en exécution de vos ordres, il venait assassiner votre fils.

— Est-il possible! murmura Xavier.

— Mon fils! répéta la marquise. Je n'ai d'autre fils qu'Alfred Lefébvre des Vallées.

— Et l'autre? vous le croyiez bien perdu, n'est-ce pas? reprit le mendiant. Tout cela est si loin de nous, et si bien recouvert par l'oubli que vous pensez qu'un démenti suffira pour vous sauver ! Vous vous trompez, madame, j'ai là, — il frappa sur sa poitrine, — de quoi vous convaincre. Vous avez deux fils, dont l'un est l'enfant légitime du capitaine Lefebvre et le voici !... tandis que pour l'autre, pour le fils de l'Anglais, vous avez été obligée de voler un nom !

— Nègre ! dit la marquise, comme si elle n'eût pu trouver dans son vocabulaire créole de plus sanglante injure, tu paieras cher ton audace ! Tu es chez moi, je suis maîtresse ici, tout ce que tu dis est mensonge et infamie !...

Le cadavre du mulâtre parut se galvaniser ; il fit un léger mouvement.

— Réveille-toi pour me défendre, Carral ! reprit la marquise dont la rage contractait hideusement les traits... Parle... Parle donc !

Carral se souleva péniblement, retomba et se souleva encore. Après plusieurs efforts inutiles, il parvint à se faire entendre.

— Cet homme a dit vrai, murmura-t-il en fixant sur son ancienne maîtresse ses yeux mourants mais pleins de haine. Votre vie fut un long mensonge..... puisse Dieu vous pardonner, madame! Et qu'il ait pitié de moi!

Ce fut tout. Sa tête heurta de nouveau le plancher.

La marquise, hors d'elle-même, le poussa du pied.

— Meurs donc, esclave! dit-elle avec violence.

Puis se retournant vers Xavier :

— Et vous, monsieur, ajouta-t-elle, tremblez ainsi que votre complice! Un meurtre a été commis chez moi, ce meurtre sera puni. Oh! je ne sais pas bien sur quoi s'appuient vos ténébreuses machinations, mais je connais leur but, monsieur! Je sais que vous osez, vous, enfant sans père, soutenu que vous êtes dans la vie par une mystérieuse et périodique aumône ; je sais que vous osez porter vos regards jusqu'à madame de Rumbrye ! Il vous faut une mère, monsieur ! il vous faut un nom ! et vous m'avez choisie ! et vous voulez vous emparer du nom de mon fils ! Vous êtes un odieux imposteur, monsieur !

Xavier, pris à l'improviste, et ignorant d'ailleurs sa propre cause, ne trouvait point de paroles pour répondre à cette furieuse attaque.

— Madame !... balbutia-t il.

— Silence ! dit impérieusement le mendiant ; c'est à moi de parler... Cet enfant ne vous a point choisie, madame, car votre conduite passée lui faisait horreur et pitié. C'est moi... moi qui ne suis que l'aveugle instrument de la volonté de votre époux... Vous niez en vain, j'ai des preuves. Quant au meurtre, ce n'est pas à **nous de trembler !**

Il tira de son sein les papiers du capitaine et alluma la bougie.

— Lisez! poursuivit-il en les lui remettant.

La marquise parcourut d'un rapide coup-d'œil l'acte de naissance.

— Il ne manque qu'une seule chose, dit-elle avec force. Où est mon nom en tout ceci!

Carral réussit à se lever une seconde fois, et regarda le papier.

— Mon nom, à moi, dit-il; voilà mon misérable nom; Jonquille! Cet enfant est le tien... parricide!

— Cet homme a le délire, répartit madame de Rumbrye luttant contre l'évidence avec le courage du désespoir; et d'ailleurs qu'importe son témoignage? il va mourir!

Carral s'affaissa sur le tapis du lit.

— Quelques heures encore, mon Dieu! murmura-t-il, afin que je puisse la confondre et me repentir !

Ses yeux se fermèrent.

— Il est mort ! dit la marquise en faisant le geste de déchirer l'acte de naissance. Qui le croira, maintenant, mendiant !

Neptune et Xavier s'étaient précipités à la fois pour lui arracher le papier des mains : mais, légère comme une oiseau, elle leur échappa et gagna la porte d'un bond.

— Qui vous croira ? répéta-t-elle avec triomphe.

— Ce sera moi, madame, répondit une voix grave et sévère.

La marquise recula, foudroyée, jusqu'au milieu de la chambre. M. de Rumbryé était sur le seuil.

Il fit un pas, prit des mains de sa femme le papier qu'il remit au mendiant, et poursuivit :

— J'ai tout entendu ; pas un mot pour votre défense, madame ! Je suis venu, attiré par le cri de détresse de cet homme... et j'ai vu de mes yeux le déshonneur de ma maison. Retirez-vous : demain, je vous ferai savoir mes volontés.

La marquise s'éloigna sans répliquer.

Un sourire de bien-être vint aux lèvres de Carral expirant.

— Il y a un Dieu ! dit-il.

Et ce fut sa dernière parole.

Nul vent de ce drame étrange et lugubre ne transpira parmi les hôtes du château.

Le lendemain, madame de Rumbrye présida comme de coutume au splendide déjeuner qui réunit tous ses convives, sauf le mulâtre dont personne ne s'enquit.

Les gens comme lui vivent et meurent inaperçus, quoiqu'ils puissent faire.

Dans la matinée, M. de Rumbrye annonça qu'une affaire imprévue et de la plus haute importance le rappelait à Paris. La foule s'écoula comme elle était venue; les fouets claquèrent de nouveau, mais, cette fois, nul fiacre n'essaya de lutter de vitesse avec les chaises de poste.

M de Rumbrye partit le dernier avec sa fille, Xavier et le mendiant noir.

Ce fut là un sujet d'étonnement inexprimable pour le jeune M. Alfred Lefebvre des Vallées, qui donna sa parole d'honneur qu'il n'avait jamais rien vu de pareil.

Mais il n'était pas à bout de surprises.

En effet, tandis que la calèche du marquis tournait l'angle de l'avenue et se dirigeait sur Paris, la chaise de poste de la créole, pivotant en sens inverse, galoppait sur le chemin de Bretagne.

— Du diable, si ce postillon n'est pas ivre ! s'écria le jeune M. Alfred.

La marquise lui imposa silence d'un geste et mit sa tête entre ses mains.

Une pâleur livide couvrait son visage.

— Nous habiterons désormais la ville de***, en Bretagne, dit-elle d'une voix basse et étranglée.

— Ma parole d'honneur, madame, répondit le grand garçon, je trouve cela stupide ! Vous savez bien que je n'aime pas la campagne !

On s'enquit souvent et longtemps, dans la sotiété de l'hôtel de Rumbrye, des nouvelles de madame la marquise.

Nous ne savons point si la disparition du jeune M. Alfred des Vallées fit une fort grande sensation ; mais nous pouvons affirmer que ce beau et aimable garçon devint, à force de soins et d'étude, le plus habile joueur de billard de la cité de***, en Bretagne.

Un mois après les événements que nous venons de raconter, M. de Rumbrye manda Xavier près de lui dans son cabinet.

Le vieux gentilhomme était triste. Son âme fière et loyale souffrait cruellement depuis qu'il avait mesuré l'abîme de dépravation qui était le cœur de cette femme à laquelle il avait donné le nom de ses pères. Son amour pour sa fille avait grandi de tout le mépris dont il couvrait la marquise.

— Mon ami, dit-il Xavier, j'ai cent mille livres de rentes qui sont à ma fille. Je veux qu'elle soit heureuse. Mes désirs seraient comblés si vous deveniez mon gendre.

Le marquis s'arrêta. Xavier, éperdu, voulut exprimer sa joie.

— Mais, reprit M. de Rumbrye, je suis le dernier rejeton mâle d'une race illustre ; le nom de Rumbrye ne doit point périr tout entier avec moi. Il faut que mon gendre le soutienne et le perpétue. Bien des prétendants se disputent la main de ma fille à ce prix. Pour elle et aussi pour moi, je vous donne la préférence. Voulez-vous être marquis de Rumbrye ?

Xavier baissa la tête.

— Toutes mes mesures sont prises, continua le vieux gentilhomme, se méprenant à son hésitation : S. M. a bien voulu accueillir ma requête ; mon gendre, quel qu'il soit, aura droit de porter mon titre et mon nom.

— Il y a un mois, répondit lentement Xavier, j'ai appris le nom de mon père. C'est le nom d'un vaillant soldat, monsieur le marquis ; quand je le quitterai, ce sera pour mourir.

M. de Rumbrye ne put retenir un geste d'étonnement. Il se leva et fit deux ou trois tours de chambre d'un air agité. Puis il revint vers Xavier, et lui tendit la main.

— J'aurais fait comme vous, murmura-t-il. Je vous approuve... mais il faut que le nom de Rumbrye me survive !

Ils se séparèrent. Tout semblait rompu. Mais on doit croire que quelqu'un d'éloquent remplit entre les deux parties le rôle de conciliateur : car, à quelques temps de là, le clergé de Saint-Germain-des-Prés célébra un mariage auquel assistaient, d'une part M. de Rumbrye, de l'autre le brave Neptune. Ce dernier servait de père au fiancé.

En passant le seuil de l'église, son regard se leva sur le balcon voisin où le bon génie déposait autrefois le petit rouleau de vingt-cinq louis. Le fiancé, lui aussi, tourna les yeux de ce côté, puis il serra fortement la main du noir.

Sur le registre matrimonial on inscrivit le

nom du marquis Xavier Lefebvre de Rumbrye.

Le lendemain du mariage, Neptune vint trouver Xavier. Il avait un havresac sur l'épaule et tenait à la main son long bâton.

— Petit maître, dit-il, je viens vous faire mes adieux.

— Tes adieux! répéta Xavier étonné; tu es fou, mon brave ami. Désormais nous ne nous quitterons plus.

Le nègre sourit avec mélancolie.

— Je le voudrais, petit maître, dit-il; mais il faut que je parte; ma tâche est accomplie. J'ai fait tout ce qu'il avait ordonné. Maintenant il faut que je retourne vers mes frères qui sont libres. Je vais à Saint-Domingue.

Xavier fit tout ses efforts pour le dissuader de ce dessein : le noir demeura inébranlable.

— M'aimes-tu donc moins que tes frères? demanda enfin Xavier.

Neptune saisit la main du jeune homme qu'il porta passionnément à ses lèvres.

— Non, non! répondit-il, ce n'est pas pour mes frères ! mes frères m'ont oublié. C'est pour *lui!* Je veux aller dire à sa tombe que sa dernière volonté fut accomplie ; je veux m'agenouiller où je le vis mourir... je veux, quand l'heure sera venue, dormir en Dieu auprès de son cercueil.

La voix du mendiant tremblait tandis qu'il parlait ainsi. Ses yeux s'étaient levés au ciel. Il avait mis un genou en terre.

— Bon maître à moi, murmura-t-il, mêlant, dans l'extase de sa tendresse, sa foi nouvelle avec ses souvenirs païens : si je mourais ici, mon âme serait trop loin de la tienne. Là-bas, tu entendras mon dernier soupir et du lieu où tu es heureux, aux pieds de Jésus tu appelleras ton pauvre noir.

Il baisa encore une fois la main de Xavier, essuya une larme à la dérobée, et partit pour ne point revenir.

FIN.

TABLE DES MATIÈRES

I.	— Après vêpres	5
II.	— Jonquille	36
III.	— Soirée chez la marquise.	63
IV.	— Une histoire au dessert	89
V.	— F. A.	113
VI.	— La tentation.	144
VII.	— La rue Servandoni	160
VIII.	— Pris au piége.	187
IX.	— Bon maître à moi.	203
X.	— Le trou d'une balle.	223
XI.	— L'invitation	246
XII.	— Course au clocher.	264
XIII.	— Au clair de la lune	305

FIN DE LA TABLE

www.ingramcontent.com/pod-product-compliance
Lightning Source LLC
Chambersburg PA
CBHW060646170426
43199CB00012B/1683